U0096669

古代歷史文化研究輯刊

六　編

王　明　蓀　主編

第9冊

北宋幕職州縣官之研究（下）

彭　慧　雯　著

國家圖書館出版品預行編目資料

北宋幕職州縣官之研究（下）／彭慧雯 著－初版－新北市：
花木蘭文化出版社，2011〔民100〕
目 2+176 面；19×26 公分
（古代歷史文化研究輯刊 六編；第9冊）
ISBN：978-986-254-603-1（精裝）
1. 官制 2. 北宋
618 100015457

ISBN-978-986-254-603-1

古代歷史文化研究輯刊
六 編 第 九 冊 ISBN：978-986-254-603-1

北宋幕職州縣官之研究（下）

作 者 彭慧雯
主 編 王明蓀
總 編 輯 杜潔祥
出 版 花木蘭文化出版社
發 行 所 花木蘭文化出版社
發 行 人 高小娟
聯絡地址 新北市永和區中正路五九五號七樓
電話：02-2923-1455／傳真：02-2923-1452
網 址 http://www.huamulan.tw 信箱 sut81518@gmail.com
印 刷 普羅文化出版廣告事業
初 版 2011年9月
定 價 六編25冊（精裝）新台幣40,000元

北宋幕職州縣官之研究（下）

彭慧雯　著

目次

上　冊

下　冊

第五章　從幕職州縣官看北宋政權的統治機能

本章研究先以量化統計分析的方式，檢視《宋史》列傳中有幕職州縣官經歷者的出身背景分析；藉由低階文官的出身籍貫，剖析北宋文風興盛區域之轉變，進而探討幕職州縣官在整體北宋官僚體系裡所扮演的角色；最後，則探討宰相中曾任幕職州縣官者行政風格，及文官曾任幕職州縣官的比率，來認識基層文官經歷，在北宋中央行政的意義，以及社會階層的轉換。

第一節　幕職州縣官出身之社會分析

據前輩學者指出宋代中舉之人，多集中於人口密集，或商業發達之區，如福建、兩浙、江南東路、江南西路、荊湖南、成都府及潼川等八路；〔註1〕近年來學者研究，略有修正，主張北宋進士最多地區，依序爲京西北路（河南）、福建路、兩浙路等三地區，最少爲陝西路、江南東路（安徽）及河北路等區；〔註2〕本文試圖對北宋幕職州縣官出身籍貫，檢視不同區域士人之入仕比率，釐清北宋文風興盛之地，是否隨著時代不同，有所變異。

〔註 1〕柯瑞格（E.A.Kracke,Jr）著，劉紉尼譯，〈中國考試制度裡的區域、家族與個人〉，收錄於《中國思想與制度論集》，台北：聯經出版，民國65年，頁303。

〔註 2〕韓茂莉，〈中國歷代狀元的地理分佈背景〉，《地理學報》，1998年06期，而跟資料則轉引自藍永主編，《中國歷史地理學》，北京：高等教育出版社，2002年，第十五章，〈歷史時期文化重心演變與風俗區域特色〉，頁316。但周臘生，〈兩宋狀元的地理分佈〉，《宋代狀元奇談．宋代狀元譜》（北京：紫金城出版社，1999年），頁174～175，則統計兩宋狀元的地理分佈，提出山東、福建兩地狀元比率較高，陝西、湖北兩地之進士最少。

一、幕職州縣官職之籍貫分佈

朝廷在各地任用幕職州縣官的情況略有不同，如河北爲例，多以經學出身者，任該地幕職官，故衍生出相關弊病：

> 河北緣邊州軍所置幕職多經學出身，不惟公事因循，至書斷案牘紕繆，文理辭語不能曉會。緣多武臣知州軍，若朝廷行下文字，州府關報不能辨白，則或訪問他人；又緣邊州軍承受外地公文或失詳明，便成漏。欲望自今逐州軍職官，各取進士出身有薦舉者一人充。〔註3〕

如史料所述，邊防重地因軍務繁忙，使經得學出身而任幕職者，易出現文辭不通做事力不從心等情形，故在事情處理上多採取著因循苟且，且較易發生斷案失誤等弊病。使得朝廷面對該問題，改以舉薦或進士出身者擔任該區之幕職。

不同時期，幕職州縣官出身而入仕朝廷的比例不同。據《宋史》人物列傳作統計，北宋幕職州縣官的出身，以首都開封、鄰近四京居多，有人數一百〇二人，約佔全國 15.5%，但「四京」裡，東京開封，與西京河南府兩地較多，南京應天，比率較少。南方的兩浙路、福建路分居二、三，各佔 12% 與 10%。以往學者認爲中舉較多的江南東路，與江南西路，則分居第七與第八。荊湖南與潼川兩路，由幕職州縣官經歷，轉遷仕途爾後被登載於《宋史》者，卻寥寥無幾。偏遠的廣南西路與夔州路，登載於《宋史》列傳之例更微乎其微。〔註4〕

下圖 5-1 即根據《宋史》列傳中，北宋人物具有幕職州縣官經歷者的籍貫分佈圖，並依人口多寡，以「·」、「▲」及「⊙」三種符號來表示：

〔註 3〕《宋會要輯稿》，職官四八之八，仁宗天聖七年十月。相關史料可參見《長編》，卷一百〇八，天聖七年十月癸丑。

〔註 4〕筆者據《宋史》人物列傳統計（請參見論文附表頁 237～360），曾經擔任幕職州縣官，被記載者共有六百六十人；以分佈區域來看，京畿路有 102 人，約佔 15.5%；其次爲兩浙，有 77 人，佔 12%；其他地區按照比率高低排序，依序爲福建路 66 人（10%）、京西北路 63 人（9.5%）、京東西路 51 人（7.7%）、永興軍路 50 人（7.6%）京東東路 40 人（6.1%）、成都府路 39 人（6%）、河北東路 35 人（5.3%）、江南西路 35 人（5.3%）、江南東路 34 人（5.2%）、河北西路 29 人（4.4%）淮南東路 26 人（3.9%）、河東路 17 人（2.6%）、燕山府路 16 人（2.4%）、淮南西路 11 人（1.7%）、荊湖南路 9 人（1.4%）、荊湖北路 6 人（1%）、廣南東路 5 人（0.8%）、潼川府路 4 人（0.6%）、利州路 4 人（0.6%）、京西南路 3 人（0.5%）、、廣南西路 2 人（0.3%）、秦鳳路 2 人（0.3%）、夔州路及雲中府路 0 人。

圖 5-1：宋史列傳中北宋人物具有幕職州縣官經歷者之籍貫分佈圖

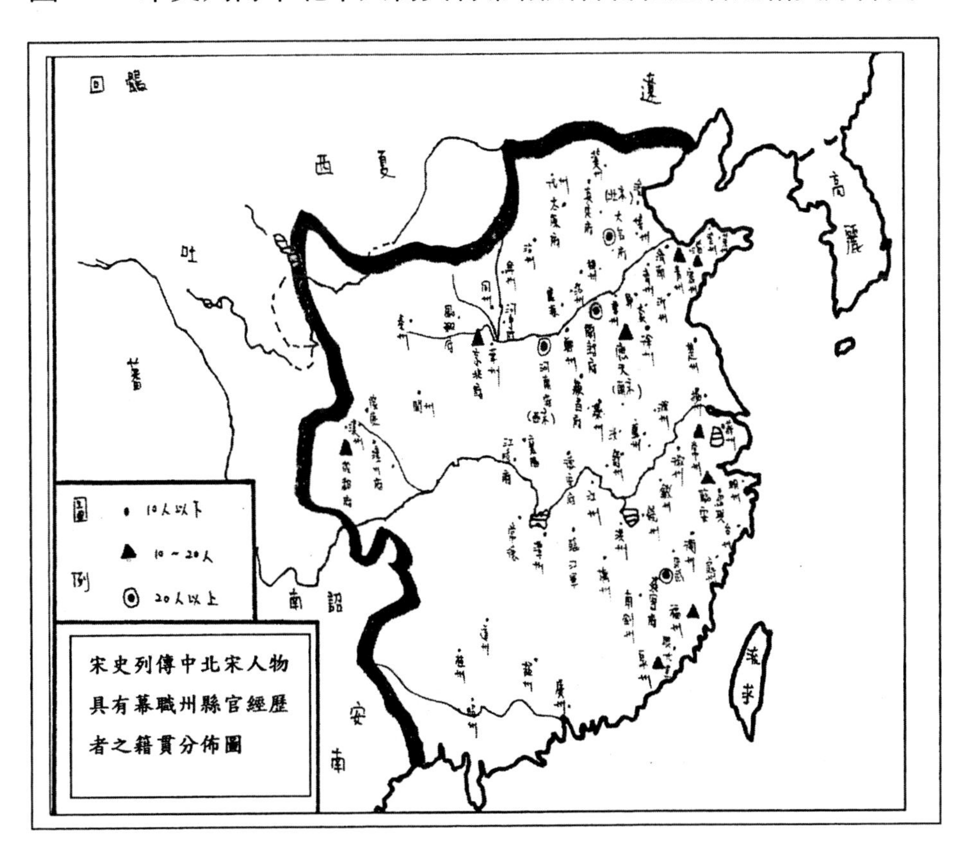

以往普遍認爲西晉永嘉之亂、唐末的動盪與北宋靖康之難，迫使文化中心南遷等現象，〔註 5〕透過圖 5-2：唐代人口分佈、圖 5-3：北宋中期城市分佈，及圖 5-4：北宋徽宗崇寧年間人口分佈圖。得知唐安史亂前，人口多集物中於黃河中下游附近，但神宗熙寧年間，城市分佈以首都汴京附近，及西北的陝西路，出現較大規模的城市；至徽宗崇寧年間時，長江流域等南方人口之密集程度以不亞於北方；此外，由圖 5-4：徽宗崇寧年間人口分佈圖裡，發現兩浙與四川兩地較北宋前期聚集更多的人口。上述三張圖片，亦讓彼等推測北宋人口的移動，除前人指出的戰爭因素外，似乎有其他原因導致人口移動，採漸進式的往西部的川蜀，及南方兩浙等區遷徙。

〔註 5〕顧立誠，〈唐宋之際自北向南的移民與其影響〉（台北：台灣大學出版社出版，民 92 年）。

圖 5-2：唐代人口分佈

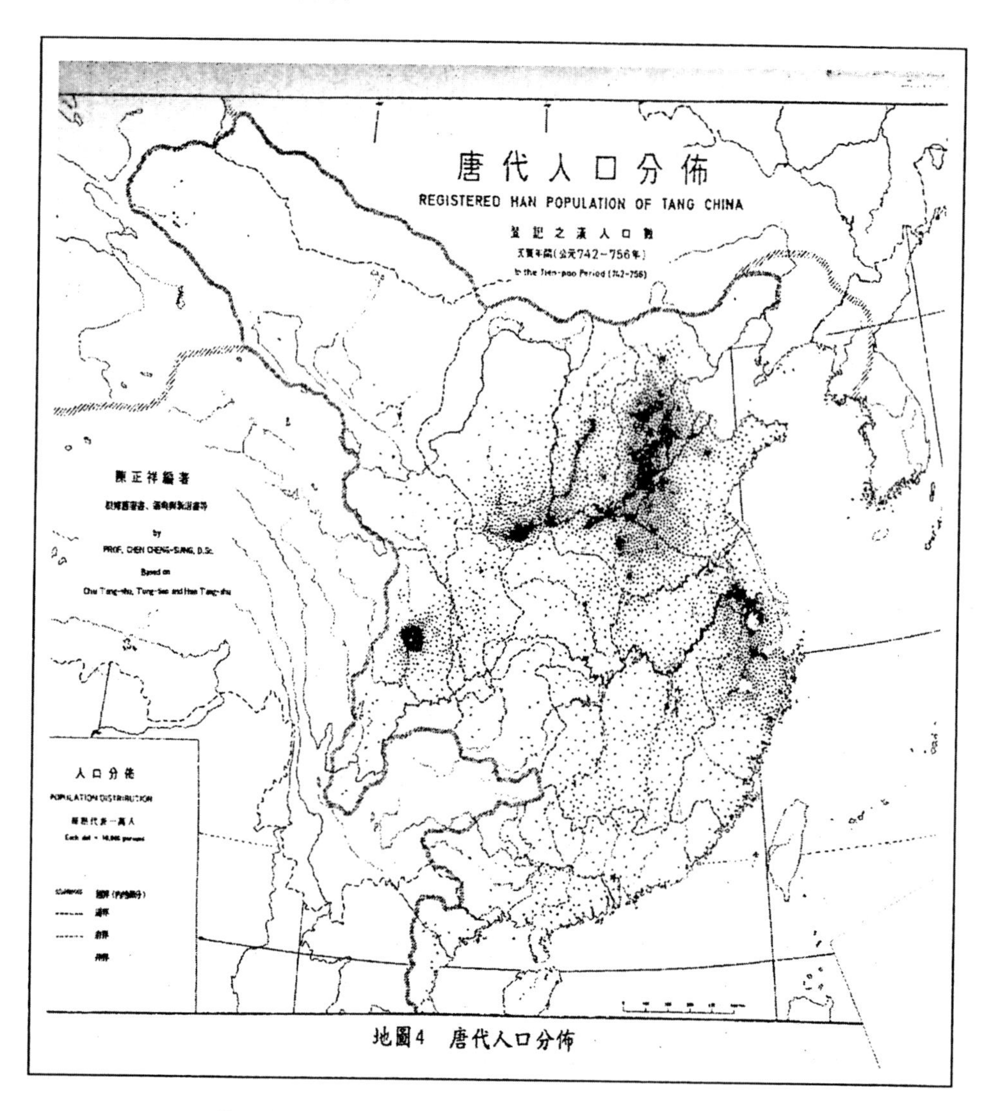

轉載自陳正祥，《中國歷史文化地理》，頁 11，地圖 4。

圖 5-3：熙寧十年，北宋的城市分佈情況

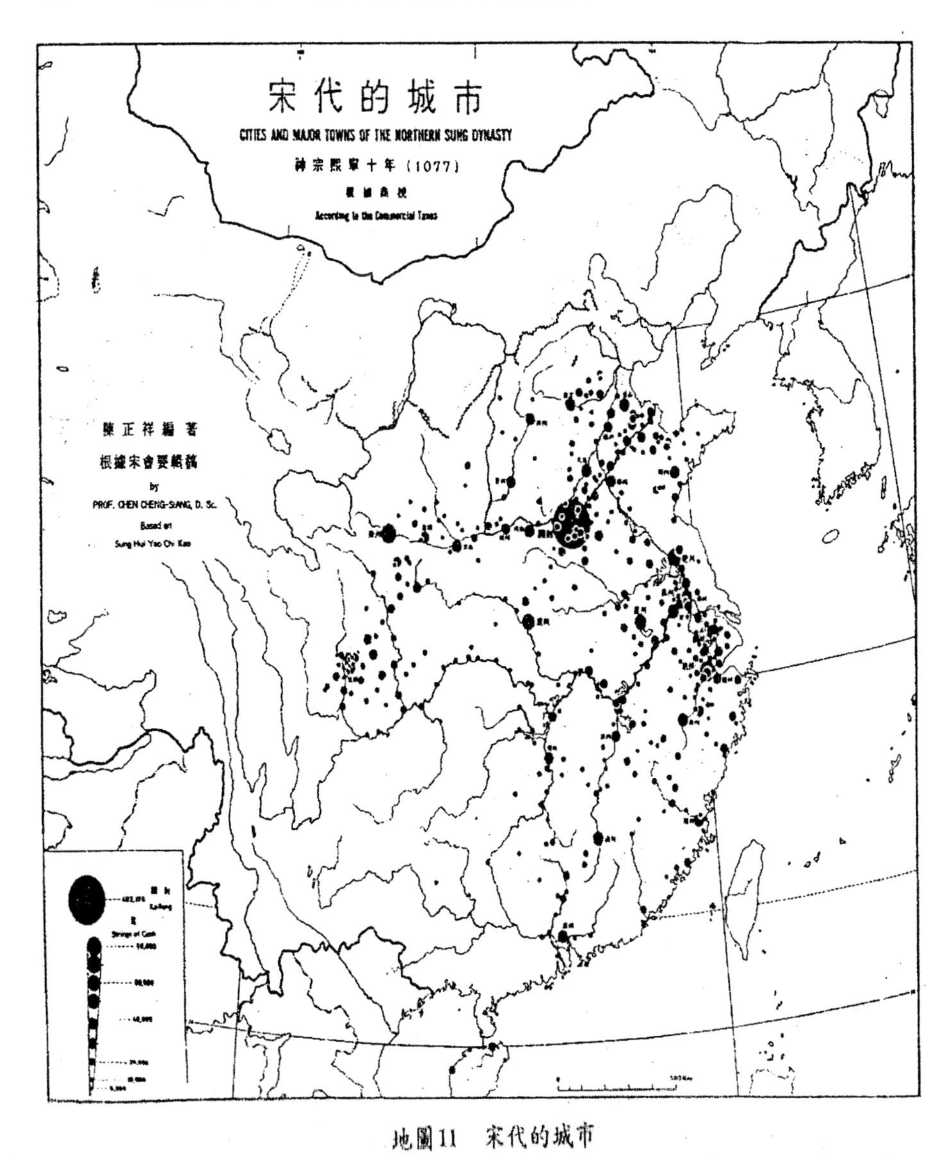

地圖11　宋代的城市

轉載自陳正祥，《中國歷史文化地理》，頁 18，地圖 9。

圖 5-4：北宋崇寧年間人口分佈

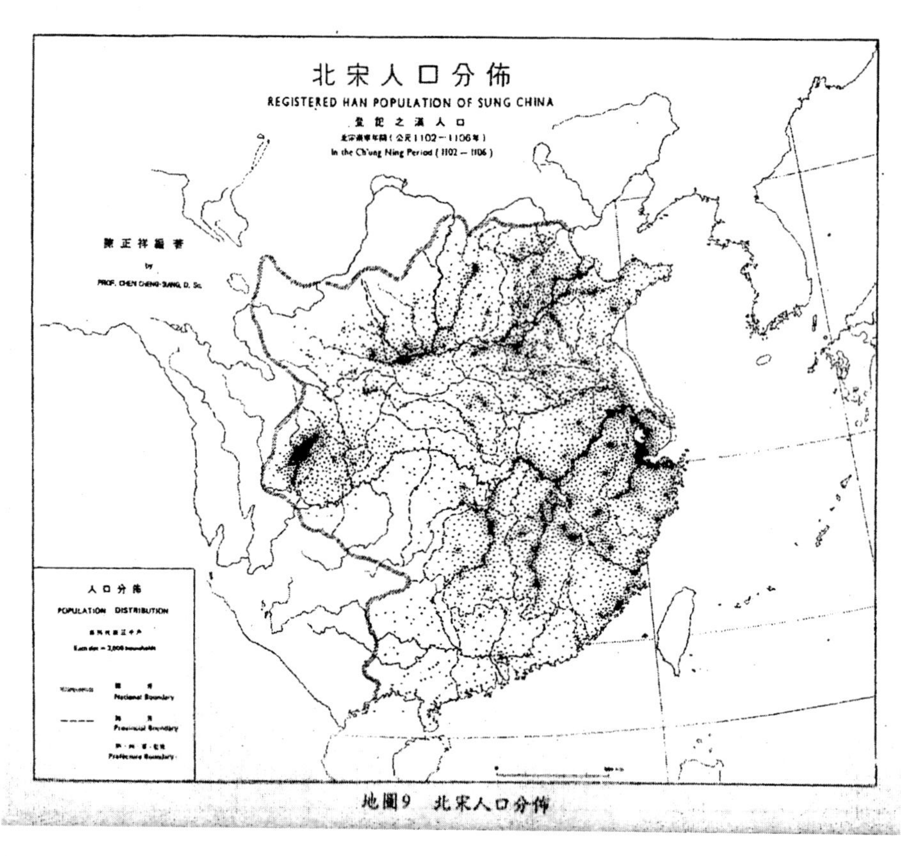

地圖9　北宋人口分佈

轉載自陳正祥，《中國歷史文化地理》，頁 16，地圖 9。

對北宋學風與地理關係的研究，以往學者用《宋史》道學、儒林、文苑三傳做統計，〔註 6〕得知神宗以前，北宋學風盛行之區，以關中、關東和浙西三處爲主；但神宗至徽宗間，閩浙、潼川府、成都府路等之學術，也逐漸興盛。〔註 7〕筆者鑑於前人研究取材範圍較小，乃將北宋人物列傳中，有幕職州縣官經歷者，依其籍貫與時代加以統計分析。

但整體幕職州縣官制度的確立與轉變，是分爲三期來討論的；太祖、太宗兩朝，因制度尚未完全確立，視爲前期（西元 960～997 年）；自眞宗朝考銓制度的確立，至英宗朝結束（西元 998～1067 年），在這七十年之中，制度

〔註 6〕何佑森，〈兩宋學風的地理分佈〉，《新亞學報》，第一卷，第 1 期，1955 年，頁 335～341。

〔註 7〕何佑森，〈兩宋學風的地理分佈〉，頁 331。

僅有略幅的變革，故視為中期來討論；神宗朝起至欽宗金兵南下（西元 1068～1127 年），因新法的推新及外在環境改變，促成幕職州縣官制度作諸多的調整，故歸結為北宋後期來論述。

據統計獲知幕職州縣官之籍貫分佈，與分期變化狀況有如下表：

表 5-1：幕職州縣官籍貫與時期分佈統計表：

	太祖、太宗（西元960～997 年）	眞宗至英宗（西元998～1067 年）	神宗至欽宗（西元1068～1127 年）
河北路（東路、西路）	21（12.9%）	32（14%）	16（6%）
河東路	7（4.2%）	12（5%）	0（0%）
京東路（東路、西路）	26（16%）	44（19.5%）	24（9%）
京畿路	14（8.6%）	9（4%）	13（4.9%）
京西路（南路、北路）	18（11%）	26（11.5%）	20（7.5%）
陝西路	24（14%）	16（7.1%）	14（5.2%）
川峽四路〔註 8〕（成都府路、潼川府路、利州路與夔州路）	6（3.7%）	10（4%）	28（10.4%）
淮南路（東路、西路）	3（1.8%）	17（7.5%）	21（7.8%）
兩浙路	7（4.3%）	24（10.6%）	46（17.2%）
江南路（東路、西路）	7（4.3%）	15（6.6%）	40（14.9%）
福建路	9（5.5%）	14（6.2%）	37（13.8%）
廣南路	4（2.5%）	2（0.8%）	1（0.4%）
荊湖路（南路、北路）	4（2.5%）	4（1.8%）	8（3%）
合　計	163 人（25%）	226 人（34%）	268 人（41%）
附註：總計 660 人，但楚蘭芝、李仲翔二人籍貫不詳，無法分類。			

計北宋人才的選任，及區域分佈之特點如下：

其一、立國之初，人才的選用多集中在北方，如：京東西路的應天府與徐州，京西北路的河南府、穎昌府，京東東路的青州和密州，河北東路的大名府，不少人才因幕職州縣官經歷晉身仕途；西北地區的陝西路，有

〔註 8〕筆者將成都府路、潼川府路、利州路與夔州路等路歸為「川峽四路」，則據《宋史》，卷八十九，地理志五，頁 230 所載：「『川峽四路』，蓋禹貢梁、雍、荊三州之地，而梁州為多。天文與秦同分。南至荊、峽，北控劍棧；西南接蠻夷」。

14%的比率入主中央爲官；至於南方地區，以福建路之建寧府入仕的比率最高，其次爲兩浙路的紹興府、蘇州次之。較特殊的是東北的幽州，國初並非宋轄境，確有不少文人如：趙普、趙安易、邊歸讜、呂餘慶、宋琪及呂端等人，皆有過幕職州縣官經歷，爾後太祖建國，因開國有功而受到重用；相關訊息顯示出宋初雖定都開封，人才拔擢上，常藉由前朝舊臣、文官來鞏固統治基礎。

其二、自眞宗朝考銓制度的確立，政局日趨穩定，社會經濟逐漸繁榮發展，北宋幕職州縣官的出身分佈，京畿出身者由 8.6%降至 4%；京畿附近的京東路、京西路、河北路及河東路的比率則略增；南方的兩浙路，及淮南路，較宋初的 4.3%和 1.8%，激增爲 10.6%與 7.5%，是太祖、太宗二朝的兩倍多，可見基層文官出身的地理分佈由最初以北方爲重，逐漸轉移至長江下游；但京畿出身者，相對於華北重心的京東、京西呈現衰退現象。

其三、神宗朝起，中部與南部地區籍貫之人，因幕職州縣官經歷入主中央的比率日漸提升。南部的兩浙路，由中期 10.6%升爲 17.2%，成爲北宋後期人才拔擢最高之區；江南東路，由 6.6%躍升 14.9%，儼然成爲北宋中期的兩倍，至於福建路由 6.2%升爲 13.8%；西南的成都路，上升爲北宋前期與中期的三倍，由最初的六、七人，躍升成二十四人。但宋初頗多人才入仕的幽州地區，自中後期利用文官的籍貫分析，發現入仕者的比例幾乎不存在；彼等則顯示趙宋政權擢用人才的地區，是有所轉變的。

至於北宋文風盛行區的解釋，除教育普及、考試內容變化、主事者的傾向，與經濟因素外，〔註 9〕大環境的變遷，如北宋對外的戰爭因素，亦恐導致北宋中後期，人才分佈的變動。以往學者對於區域競爭與消長的研究，常過於簡略。〔註 10〕筆者特選京東、京西、成都、兩浙與福建等區，做長條圖，

〔註 9〕 E.A.Kracke,Jr 著，劉紉尼譯，〈中國考試制度裡的區域、家族與個人〉，頁 309。

〔註 10〕 根據.Kracke,Jr 著，劉紉尼譯，〈中國考試制度裡的區域、家族與個人〉，頁 308，認爲區域間競爭消長趨勢爲下表：

人　口	稠密，增長	稀疏，增長	稠密，無增長	稀疏，無增長
中舉人數	多	少	多	少
新人比率	高	高	低	低
新人人數	多	頗少	頗低	少

以顯示不同時代的人口消長，探討人口消長與環境變動等關係。

圖 5-5：北宋部份地區幕職州縣官之籍貫長條圖

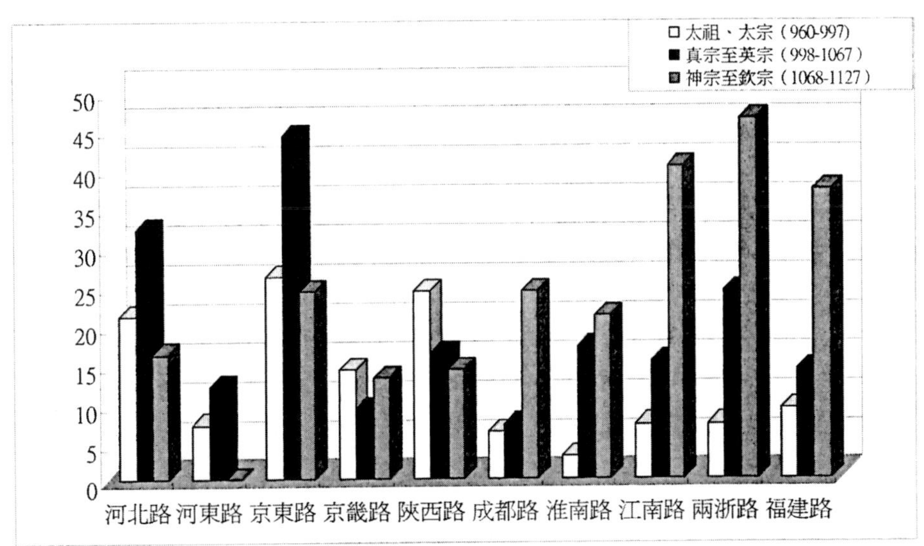

由上圖得知京東路，於北宋中期受擢用的人口大增。反觀北宋中期京畿一代，眞宗至英宗朝拔擢之比率較宋初、宋末低；西北的陝西路，在宋初入仕者比率較高，愈至後期入仕比率愈低。至於西南的成都路、中部的江南路，及東南的兩浙、福建等路，愈是趨近北宋後期，入仕爲官的比率愈高。

二、幕職州縣官之出身階層分析

綜觀北宋幕職州縣官的出身，進士及諸科晉升仕途者佔 81%；蔭補爲官者佔 9.94%；由高官舉薦而任職者，僅佔 1%；〔註 11〕從相關統計數據佐也可看出，科舉出身者於仕途較有發展。但這群蔭補入仕，或久任地方幕職對宦海浮沈之感慨與無奈，載錄於當時文集中。〔註 12〕

〔註 11〕若以《宋史》列傳爲討論核心，北宋時期，擔任幕職州縣官總數共有六百六十人（扣除武人），佔總比率的 52.1%；進士出身者則有五百二十五人，約佔全部人數之百分之八十一（81.37%）；至於蔭補出身者，則有六十四人，約佔全部比率之九點九四（9.94%）；對於宋初曾任僚佐者，則有十五人，以舉薦獲官者，則有九人，至於依附新黨人士獲取官爵者，則有三人，主要在王安石變法時期，與徽宗執政時期。最終宋初曾允許胥吏補低階文官，故曾有吏才，進而獲取官爵者，僅有三人，至中後期正史比率則越低。

〔註 12〕王令《廣陵集》多登載著低階文官倍感輕視之心態，〔宋〕王令，《廣陵集》（四庫全書本），〈與主簿〉，卷二十六，頁 3～4：「令嘗惑今之世，士者無志，而

儘管幕職州縣官進士出身者佔八成以上，在不少官僚眼裡，認為國家入仕途徑較利於世家大族；相關言論始於太宗至道三年（西元 997 年），文臣認為「貢舉不嚴，則權勢爭前，而孤寒難進」。〔註 13〕

眞宗咸平三年（西元 1000 年），文官認為「非科舉出身等入仕者，因目不知書，或心惟黷貨，使百姓蒙受其害，眞宗更要求親民官之選任，不可委派其人」。〔註 14〕並於朝廷公告：

> 京朝官籍蔭入仕者，非灼然績狀，勿與知州、州縣官；流外出身者，非有履行殊常，不擬縣令。〔註 15〕

由上行文，獲知朝廷規定蔭補出身及流外出身者，不得擔任州縣親民官；企圖以此方式獎勵士民以其他管道入仕，而非僅以蔭補入籍，或流外入仕。至於蔭補入仕者，則要求先在國學受訓練，教可後備可任官。〔註 16〕

仁宗天聖七年（西元 1029 年）起，要求「納粟補官及流外入令等官員，須增加考舉數」。〔註 17〕諸多大臣因鑑於權貴子弟入仕，導致地方制度產生諸多弊病，因而建議「裁抑權貴，無使輕易條憲，則法令更無張之失矣。」〔註 18〕皇祐年間，何郯主張以對臣僚之親疏遠近，作為蔭補年月、遠近等依據；〔註 19〕孫抃亦提出裁損皇親千官人數等建議。〔註 20〕

官者無求。無志，故不知其有貴也；無求故不知其可貴也。……伏惟閣下屈主縣簿三年矣。邑之士者日造焉，退而皆自得也。今固賤世之士者，雖不敢仰疑盛德，猶懼而未進也。今而決自來，期不辱而有得也？」

〔註 13〕《長編》，卷四十二，太宗至道三年九月壬午，頁 885。

〔註 14〕《長編》，卷四十七，起眞宗咸平三年六月丙寅，頁 1020：「國家共治之任，牧守為本，親民之官，令長為急。前代刺史入為三公，郎官出宰百里，其遴選可知也。今則兼隋、唐取士之法，參周、漢考績之制，然而資蔭登朝，居千騎之長，胥徒祗役，分百里之封，或目不知書，或心惟黷貨，屬當盛世，尤宜釐革。」

〔註 15〕《長編》，卷四十七，頁 1020。

〔註 16〕《宋會要輯稿》，崇儒一之二九，〈乞補蔭出身先聽書二年方與差遣奏〉，大中祥符二年四月。需先于國學聽書年後，滿日，本學牒送審官院依條例試驗，方與差遣。

〔註 17〕《長編》，卷一百八，仁宗天聖七年時月丙午，頁 2525：「逐任與免選、納粟及流外入令，皆增考舉數。」。

〔註 18〕《長編》，卷一百六十三，仁宗慶曆八年三月辛亥，頁 3935。

〔註 19〕〔宋〕何郯，〈乞臣寮奏蔭親屬以年月遠近為限奏〉，《宋朝諸臣奏議》，卷七四，皇祐八年，頁 809：「今選人改官已增立年考，胥吏出職又議塞他岐，唯貴勢奏薦子弟不加裁損，則除弊之源有所未盡。……總計員數，上自公卿，下至庶官子弟，以蔭得官及他橫恩，每三年為率，不減千餘人。舊制，須以

劉敞等言論明確的指出公卿子弟任職要職，使銓選制度，與州縣秩序蒙受其害：

> 今公卿大夫郎吏以上，皆得任子弟。下者至京官，其次仕州郡，非復專學問道，苟以榮富家貴族耳。勢崇力鉅，易以講道，往往據要職重任，十有八九嫡庶不分，賢不肖混淆。天下常若官多員少者，此等害之也。〔註 21〕

透過劉敞之言，獲知蔭補入仕之官，因魚目混珠、賢肖混淆，導致官多員少。然蔭補出身常因欠缺專門技能，以升遷改官爲目標；出仕州郡及要職重任，除影響地方施政外，終究使百姓蒙受其害。

因鑑於蔭補者多不習州郡之事，神宗朝乞命中書制訂相關規定：

> 蔭補者，免試注官，多不習事，以致失職試者。又須限年二十五，才者既滯，所試又止律詩，豈足甄才。及已受任，而無勞可書，亦無薦者，法當再試書判三道，亦成虛文。今請守選者，歲以二月、八月試斷案二，或律令大義五，或議三道，法官同，銓曹官撰式考試第爲三等，上之中書。上等，免選注官；優等，依判超例陞資，無出身者，賜之；試不中，或不能試滿三歲，亦許注官，惟不得入縣令、司理、司法。〔註 22〕

由上行文瞭解，蔭補入仕者的任官素質，乃不如科舉出身者，因而朝廷要求以律令斷案等成績，作爲考銓升遷的依據。此外，朝廷雖允許高官子弟蔭補入仕，卻禁止他們擔任州縣親民官及專職的曹官。

儘管朝廷有心改革，蔭補入仕不熟悉地方事務等缺失，在文官眼裡朝廷舉官是較利於世家大族的，如元豐三年（西元 1080 年），御史何正臣所言：

服紀親疏等降推恩。然未立年月遠近爲限，所以恩例頻數，臣寮蔭補近親外，多及疏屬，遂致入仕之門不知紀極。漢法保任，唐制資蔭，本止及子孫，他親無預，又不著爲常例。今本朝沛恩至廣，人臣多繼世不絕，恩固甚厚，然事久則弊，亦當改張以救其失。」

〔註 20〕《長編》，卷一八〇，孫抃，〈乞裁損皇親千官人數奏〉，至和二年六月壬辰，頁 4352：「伏覩近日皇親非次建節移鎮、遷官增祿幾二十人，道途喧傳，不測恩命之所自出，臣愚伏望陛下稽考祖宗故事，杜絕僥倖之路，特賜裁損，無令外議有宗室爛賞之名。」至於孫抃對補蔭法之看法，則《長編》，卷一八二，嘉祐元年四月丙辰，頁 4402～4405。

〔註 21〕〔宋〕劉敞，《公是集》（北京：中華書局，1985 年），卷四二，〈雜說六〉，頁 498。

〔註 22〕《文獻通考》，選舉考，卷三十四，〈任子〉，頁 325-2。

前日舉官，鮮以寒士爲意，利祿所厚，多在貴游之家，而市易爲甚。望詔中書取索在京應舉差，或權差已到未上官，有無本族外姻在朝食祿，取旨去留，以示公義。乞自今舉官，並依舉京官、縣令式，具親屬。〔註 23〕

哲宗元祐年間，又有朝臣反省蔭補注官等問題，進而提出蔭補過剩，導致冗官問題加劇。並指出相關流弊：

先朝患天下官吏不習法令，欲誘之讀法，乃令蔭補子弟不復限二十五歲出官，應係選人皆不復守選，並許令試法，通者注官。自是天下官吏皆爭誦律令，於事不爲無益。然人既習法，則試無不中，故蔭補者例減五年，而選人無復選限，遂令吏部員多闕少，差注不行。〔註 24〕

由上行文，看出宋廷雖讓蔭補入仕者接受習讀法律等訓練，但歸咎整體環境，仍較利於宗室子弟，於其他文獻所載「宗室袒免親參選，常許不拘名次路分，陳乞指名差遣一次，並替任滿闕。」〔註 25〕綜觀文官在批評國家考銓機制，較利於貴游之家的同時，卻忽略現實上諸多重要官職，及相關轉遷是較利於科舉等有出身者。

三、幕職州縣官經歷的地緣分析

以往學者研究，常過於強調唐末戰亂，使文化與經濟中心南移，〔註 26〕透過宋初二朝幕職州縣官入仕的比率，獲知當時人才選用及文化重鎭仍以北方爲主；但眞宗後期及英宗朝，即轉至中南部、與四川等地；因此會造成北宋文風興盛地區的改變，推測其因與當時統治者對文官選任的機制，及大環境背景的轉變，恐成爲學風盛行區域轉變之推力。

（1）環境轉變導致北宋經歷籍貫的改變

就區域人才變化而言，河北方面，從太宗伐遼戰爭，遼軍屢屢入侵，使河北社會經濟，大受破壞。至澶淵之盟後，戰爭停止互市貿易重開，河北經

〔註 23〕《長編》，卷三百四，起神宗元豐三年五月癸未，頁 7409；相關史料亦可參見《宋會要輯稿》，食貨志五五之四一，〈舉官乞無以權勢之家爲貴奏〉，元豐三年五月。

〔註 24〕《長編》，卷三百八十六，哲宗元祐元年八月辛亥，頁 9400。

〔註 25〕《長編》，卷四百六十九，哲宗元祐七年正月丙申，頁 11201～11202。

〔註 26〕吳松悌，《中國移民史》，第四卷，宋遼金元時期，（福建，福建人民出版社，1997 年），及顧立誠《走向南方－唐宋之際自北向南的移民與其影響》（台北：台灣大學書版委員會，民 92 年）。

濟才漸恢復，財政社會也重釋安定，〔註 27〕文教再興，投身科舉者漸增，經由幕職州縣官資歷，轉遷中央京官的比率也大幅上升。

河東路的經營，儘管學者認爲在北宋前期經濟起點低、起步晚，但自仁宗寶元年間以後，隨著對夏戰事增加，政府爲應付戰爭所需，採取相關屯田政策，與水利建設，促使河東地區的作物產量大幅提昇。〔註 28〕北宋中期，河東地區藉由幕職州縣官經歷，躍升京官的比率，有小幅度的增長，由宋初的 4%增加至 5.3%。

西北陝西地區，在北宋中後期，連年對夏戰爭文教發展大受影響，使陝西路出身的文官比率大幅下滑。宋初在整體入仕比率爲 14.7%；至眞宗朝後，入仕人數雖僅減八人，但整體比率卻大幅減少。神宗朝因宋廷經營熙河不利陝西經濟，元豐以後更大舉伐夏，雖然取得部份戰果，〔註 29〕使陝西入仕人才比率降爲 5.2%，僅爲宋初的三分之一。

首都京畿路一帶，文官出身的比率，在中後期也有下降的趨勢。反觀周遭的京東、京西一代，在北宋中期，透過幕職州縣官經歷而轉遷入官中央者都有增長。推究其因，除如學者所說京東經濟較不受干擾，平穩發展外，筆者推測還可能，與首都開封人口飽和，轉而帶動周遭市鎮經濟繁華，與京師人口外移現象所致。〔註 30〕前輩學者提出長江以南的江西、湖南地區，未擺脫貧困的論點，〔註 31〕但透過觀察低階文官入仕比率，筆者看出北宋中期江南路入仕的比率，已由宋初的 4.3%升至 6.6%，後期更升至 14.9%，其中不少出身江西地區的文官，在北宋中晚期，更入朝爲相，如江西臨江軍的王欽若，及撫州的晏殊，及中後期的王安石、陳執中、劉沆、曾布等。不過江南路的發展，東路的入仕比率由宋初的 3%升至 8%；西路則由 1%的入仕比率遽增至 6%，可見江南西路至北宋中後期發展的速度是較前期迅速；至於荊湖南路，縱然深處邊陲，隨著江南西路的興起，逐漸帶動洞庭湖一帶的崛起，入仕中央由兩人進增爲四人。

〔註 27〕廖師隆盛，〈從澶淵之盟對北宋後期軍政的影響看靖康之難發生的原因〉，《國策、貿易、戰爭：北宋與遼夏關係研究》，頁 219～226。

〔註 28〕程民生，《宋代地域經濟》，頁 326。

〔註 29〕程民生，《宋代地域經濟》，頁 334。

〔註 30〕按照地理學的點，若當地人口發生飽和，則會往周遭衛星城市的興起，進而帶動次中心都市的發展。

〔註 31〕程民生，《宋代地域經濟》，頁 330。

至於東南地區的福建路，及兩浙路於北宋中後期日漸崛起；兩浙路在北宋中期，藉由幕職州縣官，爾後升爲高官者，爲宋初的比率的兩倍多，晚期大量增至 17.2%，爲宋初入仕比率的的四倍；儘管福建地區的興起時間，較晚，神宗朝後，入仕比率則大幅提高，由宋初的 5.5%，增加至 13.8%。

（2）朝廷用人措施與影響到邊區入仕比率的增減

縱然官員不願偏遠地區赴任，但宋廷對地方官的選任，依不同區有不同的政策，最初禁止偏遠地區官員攜帶家眷赴任，〔註 32〕淳化二年（西元 990 年）調整爲：「嶺南諸州幕職、州縣官等，並許攜妻孥之任。」〔註 33〕此外，趙宋政權對南、北地區及不同區域之幕職州縣官選任，亦有政策上的不同；眞宗景德二年（西元 1005 年）起，轉運使鮑中和建言：

> 河北、河東、陝西路供給邊備，其知州、通判、幕職、州縣官，望令審官院、吏部銓選年六十以下強幹者充。〔註 34〕

藉由該言論，顯示北宋對於河北、河東及陝西等邊區的重視，眞宗朝委託審官院、吏部銓選，年六十以下強幹者，充河北、河東、陝西路等之知州、通判及幕職州縣官，亦恐邊防地區發生問題時，地方首長無法應付；仁宗中期包拯奏議，顯示出宋廷對邊區地方基層文官才能的重視：

> 州縣之職，尤在得人。欲乞當司量得前件官內。如有委實年老及謬懦不曉民故，雖無贓私罪犯彰露，許令於部下奏舉資序合入之人充替。仍乞特降指揮，流內銓今後應除注本路縣令，並以奏舉人充判司簿尉亦乞選差。所貴疲困之民，得其存恤。〔註 35〕

中期的宋夏戰爭，引起宋廷對河北、河東等邊區之關注，更有范仲淹曾主張「揀選有材幹者，先差往河北塡替，仍授以訓兵之要。」〔註 36〕但隨著西夏

〔註 32〕〔宋〕李埴，《皇宋十朝綱要》（台北：台灣文海出版宋史資料萃編本），卷二，〈江浙川廣職官許以期功親一人隨行詔〉，太平興國六年十二月戊辰，頁 59：「江浙川廣路職官等舊不許挈家者，自今許以期功親一人隨行至治所，毋得預事。」至於《太宗皇帝實錄》，卷四四，〈江南等州郡所差京朝官幕職州縣官等許攜家詔〉，端拱元年四月辛卯：「江南、兩浙、荊湖州郡所差京朝官、幕職、州縣官等，咸不得家旅行。如聞中外物情甚鬱，今海內寧一，願攜家者聽之。」

〔註 33〕《宋會要輯稿》，刑法二之四，〈嶺南諸州幕職州縣官許攜妻孥之任詔〉，淳化二年十二月。

〔註 34〕《長編》，卷六十一，眞宗景德二年十二月乙酉，頁 1378。

〔註 35〕〔宋〕包拯，〈請選差河北令錄奏〉《孝肅包公奏議》（北京：中華書局），頁 37～38。

〔註 36〕〔宋〕范仲淹，〈奏乞選差河北州縣官員〉，《范文正公政府奏議》，收錄於李勇先

戰爭的興起，〔註 37〕使主事者轉移河北的經略。〔註 38〕

對於偏遠地區，幕職州縣官人品的選授，則規定「注授廣南、川峡幕職州縣官，委逐路轉運、提點刑獄司（嘗）〔常〕切覺察，如更犯贓罪，永不錄用」。〔註 39〕天禧四年（西元 1020 年），增加桂州，及廣南東、西路等地幕職州縣官人數，以備差遣。此外委託轉運使、勸農使負責當地銓選，試圖銓選善於治理獄訟者，前往赴任。〔註 40〕縱然幕職州縣官之籍貫統計，反映出文風盛行區域的轉變，但相關籍貫的統計與討論，提供研究者在探討北宋學風之地理分佈之另類思考方向。同時，前輩學者認爲北宋學術在北、南宋學術重心偏南的論點，〔註 41〕亦値得再商榷。

第二節　幕職州縣官經歷與北宋政論的關係——以《諸臣奏議》爲例

本節試圖以《諸臣奏議》，〔註 42〕來研究幕職州縣官經歷，對高階文官議政風格間之關係。但因篇幅所限，僅就幕職州縣關切身相關的〈考課門〉，及與其在地方負責時務工作之〈法律門〉、〈財賦門〉等部份來做研究。

一、財政奏議之討論

透過財賦門的奏折，檢視幕職州縣官經歷，對地方〈稅賦〉、〈勸課〉、〈屯

主編，《范仲淹全集》（成都：四川大學出版社，2002 年），卷下，頁 644。

〔註 37〕關於北宋與遼夏間的戰爭，請參閱廖隆盛，《國策、貿易、戰爭：北宋與遼夏關係研究》（台北：萬卷樓，民 91 年）。

〔註 38〕〔宋〕范仲淹，《范文正公年譜補遺》，〈乞舉充縣令人限期移陝西路奏〉，康定元年十月二九，頁 918：「乞朝廷念及邊遠之人，率多無告，特告朝旨，應充舉縣令人，限一季並與移陝西路。如在沿邊州軍，即便乞與除職官知縣。如人數不足，即乞委清望官于三舉已上進士有行止文學者，具事狀連坐，各薦一兩人，不致闕官辦集邊事。」

〔註 39〕《宋會要輯稿》，職官七六之八，〈收敘放逐官〉，眞宗天禧三年九月二十一日詔。

〔註 40〕《宋會要輯稿》，職官四八之七，天禧四年正月詔：「桂、廣州幕職自今增注及五員，仍選有吏幹勤事者。帝以桂、廣，嶺南大藩，而轉運、勸農使，多委二州幕職，鞫治獄訟、詳公事，故命增員以備差遣。」

〔註 41〕何佑森，〈兩宋學風的地理分佈〉，《新亞學報》，第一卷，第 1 期，1955 年，頁 332。

〔註 42〕〔宋〕趙汝愚，《宋朝諸臣奏議》，上海，上海古籍出版社，1999 年 12 月第一版。

田〉，及〈荒政〉等四部份的言論是否能反應民間疾苦。表 5-2 爲文官對〈財稅〉的言論統計表，整體幕職州縣官出身的比率明顯偏高，佔 80%，若以入仕方式來看，除呂公著、劉隨外，其他文官皆由科舉方式獲得官階。對稅務的討論，有幕職州縣官出身者，如陳靖、劉隨及余靖等，皆對單一地區，稅物徵收的狀況，提出稅賦之問題與實際的現象。而劉敞本人縱然不是幕職州縣官出身，但從其任官經歷中，曾任蔡州通判可知曾任幕職州縣官或地方長官經歷，對地方租稅狀況是較爲瞭解的。

表 5-2：《諸臣奏議》，卷一百四，〈稅賦〉之作者背景統計：

作　者	籍　貫	進士與否	幕職出身	非幕職出身	備　註	上奏內容
陳　靖	與化軍莆田人	因上策被太宗拔擢	○		巽陳討賊策，召還授陽翟縣主簿	〈上眞宗論江南兩稅外沿征錢物〉
劉　隨	開封考城人	進士及第	○		曾任永康軍判官	〈上仁宗論體諒畿內減放〉
余　靖	韶州曲江人	進士起家	○		曾任贛縣尉	〈上仁宗論兩稅折納見錢〉
劉　敞	臨江新喻人	舉進士		◇〔註 43〕	通判蔡州	〈上仁宗論折變當隨土地之宜〉
呂公著	壽州人	恩補奉禮郎，後登進士第	○		貶建武軍節度副使、昌化軍司戶參軍（紹聖）	〈上神宗論江西重折苗錢〉

表 5-3 爲文官對〈勸課〉、〈營屯田〉的奏折，幕職州縣官經歷比率爲 66.7%，除陳靖、盛梁二人外，其他幕職官的入仕方式，皆以科舉爲主；非幕職出身者，有何承矩，其透過武職資歷轉換爲文官。至於文官對河北、河東等邊區屯田的討論，提出論奏者，如柴成務、〔註 44〕歐陽脩兩人皆曾任職於邊區之幕職州縣官，〔註 45〕導致爾後入仕爲官，對邊區屯田問題較爲關注。由

〔註 43〕“◇”該符號表示文官無幕職州縣官經歷。

〔註 44〕《宋史》，列傳六十五，〈柴成務〉，頁 10114：「曹洲濟陰人（京東西路興仁府），曾壬曹、單觀察推官，及陜州軍事推官。」

〔註 45〕《宋史．歐陽脩傳》，得知其擔任幕職州縣官經歷與三代關係爲：歐陽修，廬陵人（江南西路、吉州）舉進士第，試南宮第。從任武成節度判官，後被范仲淹辟爲陜西掌書記，後任京西推官，入朝爲館閣校理。慶曆三年，知諫院。神宗時，遷兵部尚書，後作貶爲坐貶夷陵令及乾德令。至於其與尹洙、梅堯臣及范仲淹等人交遊。

柴、歐兩人之奏折，間接獲知文官對地方的關切，有時會超過原生籍貫。

表 5-3：《諸臣奏議》，〈勸課〉、〈營屯田〉之作者背景統計：

作　者	籍　貫	進士與否	幕職出身	非幕職出身	備　註	上奏內容
陳　靖	興化軍莆田人	因上策被太宗拔擢	○		曾徒步謁轉運使楊克巽陳討賊策，召還授陽翟縣主簿。	〈上太宗聚人議〉〈上太宗起從京東西起首勸課〉〈上眞宗論盛梁所奏〉
盛　梁			○		《太平治迹統類》，卷三，〈太宗平李順〉則載：「淳化五年，五月丁巳，繼恩攻成都拔之，破賊十萬，餘斬首三萬，擒李順及其黨，許詞吳文賞等并甲鎧僭僞服用甚眾，知梓州張雍初聞順亂即謀爲城守計，訓練城中兵得三千餘，……，遣觀察推官盛梁請兵于朝。」　☆《宋史》無此傳，而方志不見其籍貫。	〈上眞宗乞授陳靖勸農使諭民耕佃曠土〉
錢彥遠	錢塘人	錢彥遠以父蔭補太廟齋郎，後舉進士，擢遷尚書祠部員外郎。		◇	知潤州	〈上仁宗乞置勸農司〉
司馬光	陝州夏縣人	中進士甲科	○		曾任簽書蘇州判官事，開封府推官；紹聖初，奪其謚贈，追貶牙州司戶參軍。	〈上仁宗論勸農莫如重穀〉
范祖禹	成都華陽人	中進士第		◇	《蜀中廣記》卷四十二，載：「從與司馬光編資治通鑑於洛，凡十五年不事進取，書成，光薦爲秘書省正字。」	〈上哲宗乞留意農政〉
何承矩	洛陽人	幼爲棣州衙內指揮使，從繼筠討劉崇，擒其將胡澄以獻。		◇	《河南通志》，卷五十九載：「太平興國中，監泉州兵，後因討平盜賊有功，遷閑廏使。後疏爲政之害民數十事，上之，悉被容納，徙知潭州。」	〈上太宗塘泊屯田之利〉

柴成務	曹洲濟陰人	太宗遂重舉士甲科	○		解褐陝州軍事推官；後任曹、單觀察推官。	〈上太宗乞河北緣邊營置屯田〉
歐陽修	廬陵人	舉進士第，試南宮第一，擢甲科	○		曾任京西推官，後被范仲淹辟爲陝西掌書記；後轉武成節度判官。坐貶夷陵令、乾德令。	〈上仁宗論募耕河東邊緣之地〉
富　弼	河南人	仁宗時復制科	○		曾任開封府推官，後爲簽書河陽判官。	〈上仁宗乞撥河北陶田爲屯田〉

地方災荒發生，常爲地方首長最爲棘手之事，然文官對荒政的救濟，除顯示出文官的處理態度亦反映出地方官對事務解決能力不足；據《諸臣奏議》荒政建言，獲知出身幕職者僅爲半數，但這半數全是經由進士入仕。

對災荒賑濟與防賊捕蝗之奏議，有幕職州縣官經歷者，如余靖、司馬光、富弼及蘇軾，等顯示其對地方災害發生的處理能力較爲積極主動，反觀未有幕職經歷者，如：何郯及韓維等奏章，僅針對賑濟災民，及捕蝗等部份，提出初步的建言，並未對當地災傷及實際救飢部份做進一步的解決。曾任地方首長者之知州，因缺乏幕職州縣官經歷，對荒政的處理能力，則略顯薄弱。

表 5-4：《諸臣奏議》，卷一百六，〈荒政〉之作者背景統計：

作　者	籍　貫	進士與否	幕職出身	非幕職出身	備　註	上奏內容
田　錫	嘉州洪雅人	太平興國三年進士高等		◇	釋褐將作監丞，通判宣州，遷著作郎。	〈上眞宗起賑給河北飢民〉
何　郯	本陵州人	第進士		◇	由太常博士爲監察御史，轉殿中侍御史	〈上仁宗乞專責守宰捕蝗〉
余　靖	韶州曲江人	進士起家	○		曾任贛縣尉	〈上仁宗乞寬租賦防盜賊〉
司馬光	陝州夏縣人	中進士甲科	○		司馬光，曾任簽書蘇州判官事，開封府推官；紹聖初，奪其謚贈，追貶牙州司戶參軍。	〈上英宗論災傷除盜〉〈上神宗乞選河北監司賑濟飢民〉
韓　維	雍丘人	以進士奏名禮部，後因其父受蔭入官		◇	受陰入官召試學士院；歐陽修薦爲檢討。　神宗即位，除龍圖閣直學士。熙寧二年。遷翰林學士兼侍讀加大學士。　元祐中，拜門下侍郎第子。	〈上英宗乞遣使救濟飢民〉

富　弼	河南人	仁宗時復制科	○		曾任簽書河陽判官、開封府推官。	〈上神宗論河北流民到京西乞分給田土〉
蘇　軾	眉州眉山人	嘉祐二年，試禮部，後中殿試乙科	○		簽書鳳翔府判官、權開封府推官及福昌主簿。	〈上哲宗乞預備來年救饑之術〉
范祖禹	成都華陽人	中進士〔註46〕第		◇	《蜀中廣記》卷四十二，載：「從與司馬光編資治通鑑於洛，凡十五年不事進取，書成，光薦爲秘書省正字。」	〈上哲宗封還臣僚論浙西賑濟事〉

二、考課門之奏議研究

據表 5-5 統計，《諸臣奏議》百官門中，有 62.5%有幕職州縣官經歷，神宗及哲宗二朝，居該經歷者，多爲進士出身佔 75%，蔭補入仕者，有錢彥遠、呂公著二人，因其父親資歷，蔭補爲官；但不少世家大族之後，仍會透過科舉，取得入仕資歷，以便仕途轉遷。關於守令銓選之奏議裡，孫何、包拯及錢彥遠等三人，皆未具幕職州縣官經歷，但彼等卻有知州、通判等歷練。若以作者的籍貫來看，北方的京西路、與淮南路，佔整體比率的六成（62.5%），南方兩浙路、福建路與成都府之文官，在仁宗朝後，才逐漸在地方守令之銓選中，嶄露頭角。

表 5-5：《諸臣奏議》，卷六十八，〈守令〉作者之背景統計：

作　者	籍　貫	進士與否	幕職出身	非幕職出身	備　註	上奏內容
孫　何	蔡州汝陽人	淳化三年舉進士		◇	解褐將作監丞，通判陳州，召入直史館。	〈上眞宗論資蔭人與知州流外人注縣令〉
魯宗道	亳州譙人	進士及第	○		曾任亳州定遠尉、海鹽令及歙縣軍事判官，後改秘書丞。	〈上眞宗乞委大臣詮擇守宰〉
包　拯	廬州合肥人	舉進士		◇	除大理評事出知建昌縣	〈上仁宗乞非歷州縣縣令不得爲長吏〉

〔註46〕程民生，《宋代地域文化》頁 2～21：「提到北方風俗的特點有質直忠厚、勁勇強悍、勤勞節儉；至於南方人的風俗特點則爲靈巧輕揚、柔弱、奢侈、好訟、趨利重商。」

錢彥遠	錢塘人	錢彥遠以父蔭補太廟齋郎，後舉進士，擢遷尚書祠部員外郎。		◇	知潤州	〈上仁宗條奏牧宰利害〉
呂公著	壽州人	恩補奉禮郎，後登進士第	○		紹聖年間，貶建武軍節度副使、昌化軍司戶參軍	〈上神宗乞寬假長民之官〉
上官均	邵武人	照寧時，擢進士	○		曾任北京留守推官，及開封府推官。	〈上哲宗起十科外增撥煩一科〉
朱光庭	河南偃師人	因其父蔭補擢第	○		曾任萬年主簿、歷四縣縣令，後又曾任簽書河陽判官。	〈上哲宗乞察守令能否〉
呂　陶	成都人	中進士	○		曾任銅梁令，後知太原壽陽縣。	〈上哲宗乞差知州先舉主後資任〉

其次以《諸臣奏議》的百官門，來討論宋朝當時文官磨勘轉遷及制度弊病的部份做討論，特別裁選與幕職州縣官本身升遷有相關等部份，如〈薦舉〉、〈考課〉等提出討論，根據建言者的身份背景來做統計，結果如表 5-6 所示：

表 5-6：《諸臣奏議》，卷七十一，〈薦舉〉作者之背景統計：

作　者	籍　貫	進士與否	幕職出身	非幕職出身	備　註	上奏內容
李　諮	新喻人	眞宗時舉進士	○		曾任開封府判官，後除大理評事、通判，召爲中書，太子中允。	〈上眞宗論舉官當精擇舉主乃得其人〉
歐陽修	廬陵人	舉進士第，試南宮第一，擢甲科	○		曾任京西推官，後被范仲淹辟爲陝西掌書記；後轉武成節度判官。坐貶夷陵令、乾德令。	〈上仁宗論待制以上更不舉官事〉
錢彥遠	錢塘人	錢彥遠以父蔭補太廟齋郎，後舉進士，擢遷尚書祠部員外郎。		◇	知潤州	〈上仁宗乞在朝文武官舉州縣官二人爲京官〉
傅堯俞	本鄆州須城人，後徙至孟州濟源	進士及第		◇	知新息縣累遷太常博士	〈上仁宗乞諸司長官舉僚屬〉
司馬光	陝州夏縣人	進士甲科	○		曾任開封府推官、簽書蘇州判官事；紹聖初，奪其謚贈，追貶牙州司戶參軍。	〈上英宗乞以臣僚所舉官置簿親加選擇〉〈上哲宗乞以十科舉人〉

呂　誨	開封人	進士登第		◇	由屯田員外郎爲殿中侍御史	〈上神宗乞令兩省官歲各舉五人以備器使〉
范純仁	蘇州吳縣人	蔭太常寺太祝，皇祐原年舉進士。	○		爲范仲淹之子，曾任簽書許州觀察判官。	〈上神宗乞詔內外之臣各舉所知〉
曾　鞏	建昌南豐人	中嘉祐二年進士第	○		曾爲太平州司法參軍。	〈上神宗乞六部長貳自舉屬僚〉
上官均	邵武人	照寧時擢進士第	○		曾任北京留守推官，及開封府推官。	〈上哲宗乞舉官限三日關報御史台〉

透過大臣薦舉身份分析，幕職州縣官經歷者，佔 66.7%，除錢彥遠、范純仁兩者以蔭補方式爲官外，其他七人全以科舉登第，至於錢、范二人，在獲得任官資格後，仍冀望功名及第換取往後仕途的迅速升遷。〔註 47〕若以上奏者的籍貫分析，主要集中在南、北兩區。

此外，隨著君主在位時間不同上奏者之籍貫也略有改變，如北宋中期傅堯俞、司馬光及呂誨等人之言論，間接獲知出身北方的京西路、陝西路兩地之文官，中期對薦舉的議題較爲關注其他時期，上奏者的籍貫則傾向於東南一帶，如江南西路，兩浙路，及福建等區爲主。

北宋文官對考課的關切，入仕方式也有差異，以趙普、陳靖二人出身背景爲例，二人除任官於後周，皆有幕職州縣官的歷練，對實務的政策較能掌握，間接推估北初統治者太祖、太宗對於前朝文官，亦會摒棄成見依才能而加以拔擢。此外，對大臣的考課上奏，約六成六（66.7%）以上有幕職州縣官經歷至於進士及第在神宗中後期，達到百分之百（100%）的比率，間接佐證進士出身者，升遷改官的速度較快，意味著進士出身者，較有機會參與政治，提出文官考銓升遷有關的言論。

表 5-7：《諸臣奏議》，卷七十二，〈考課〉作者之背景統計：

作　者	籍　貫	進士與否	幕職出身	非幕職出身	備　註	上奏內容
趙　普	幽州薊人	劉詞薦表於朝（後周）	○		曾任滑州軍事判官，後改宋州掌書記。	〈上太祖請行百官考績〉
陳　靖	與化軍莆田人	因上策被太宗拔擢	○		後唐時，曾任封丘令，後改爲忠武軍節度推官。	〈上太宗乞天下屬官三年替移一年一考〉

〔註 47〕關於文官有進士身份，日後升遷較快的討論，則可參閱第三章第一節，〈幕職州縣官的出身類型與差別〉，頁 66～79。

蘇　頌	泉州南安人	第進士	○		曾任宿州觀察推官及南京留守推官。	〈上神宗乞別定縣令考課〉
范百祿	成都人	第進士		◇	據《名賢氏族言行類稿》卷四十一及《河南通志》，卷五十五所記載：「治平中，以秘書丞知濮陽縣；哲宗時以龍圖閣學士，知開封府。」　☆《宋史》無傳	〈上神宗乞以守長考之上中下而別其善惡〉
劉　摯	永靜東光人	嘉祐中，擢甲科	○		曾任冀州南宮令，後改宿州觀察推官，及南京留守推官。	〈上哲宗乞立監司考績之制〉
上官均	邵武人	照寧時，擢進士第二	○		曾任北京留守推官，及開封府推官。	〈上哲宗乞定州縣考課之法〉
劉安世	魏人	登進士第	○		曾任洺州司法參軍。	〈上哲宗乞著監司考課之法〉
范祖禹	成都華陽人	中進士第		◇	《蜀中廣記》卷四十二，載：「從與司馬光編資治通鑑於洛，凡十五年不事進取，書成，光薦為秘書省正字。」	〈上哲宗乞行考課監司郡守之法〉
江公望	睦州人	舉進士		◇	建中靖國元年，由太常博士，拜左司諫。	〈上徽宗乞以田疇墾廢多寡為守令進退之法〉

藉由神宗時期的蘇頌，哲宗時期的劉摯、上光鈞與劉安世等，獲知有幕職州縣官者，日後有朝一日接觸權力核心時，仍關心地方州縣官地銓選與考課經歷；上奏者的籍貫分析，間接佐證宋朝任用人方向與態度，為先北後南，神宗皇帝起，成都府路之入仕者比率，有增加的現象。至於以百官門中，討論蔭補問題者，多為進士出身之文官，爾後掌握權力，大多反對蔭補入仕。至於下表 5-8 之統計，有幕職州縣經歷者佔 75%；進士出身且又有幕職州縣官經歷者，是較關心蔭補制度。

表 5-8：《諸臣奏議》，卷七十四，〈蔭補〉作者之背景統計：

作　者	籍　貫	進士與否	幕職出身	非幕職出身	備　註	上奏內容
孫　沔	會稽人	中進士第	○		曾補越州司理參軍	〈上仁宗乞定文武蔭子弟人數〉
何　郯	本陵州人，後徙成都	第進士		◇	由太常博士為監察御史，轉殿中侍御史	〈上仁宗乞臣僚奏蔭親屬以年月遠近為限〉

范　鎮	成都華陽人	舉進士，禮部奏名第一	○		曾任新安主簿，後改開封府推官。	〈上仁宗論蔭旁親之濫〉
司馬光	陝州夏縣人	中進士甲科	○		曾任開封府推官、簽書蘇州判官事；紹聖初，奪其諡贈，追貶牙州司戶參軍。	〈上英宗乞罷進表奏補外親〉

三、司法門之奏議分析

幕職州縣官在工作上，錄事參軍及司法參軍等，於地方處理法律訴訟與檢驗工作。〔註 48〕然彼等爾後升遷京朝官時，是否也會司法或獄訟之事有所關注；因故以《諸臣奏議》之恤刑、議獄等部份，檢視幕職州縣官經歷是否對文官入仕後，對司法獄訟的見解，參見表 5-9 之統計：

表 5-9：《諸臣奏議》，卷九十九，刑賞門之作者背景統計

〈恤刑〉						
作　者	籍　貫	進士與否	幕職出身	非幕職出身	備　註	上奏內容
錢　易	杭州臨安人	舉進士	○		補濠州團練推官。	〈上眞宗起除非法之刑〉
燕　肅	青州益都人	少孤貧，舉進士	○		補鳳翔府觀察推官。	〈上仁宗乞天下死罪皆得一覆奏〉
范　鎮	成都華陽人	舉進士，禮部奏名第一	○		曾任新安主簿，後改開封府推官。	〈上仁宗論開封府事公事部經糾察司引問〉
蘇　頌	泉州南安人	第進士	○		曾任宿州觀察推官及南京留守推官。	〈上神宗乞春夏不斷大辟〉
呂　誨	開封人	進士登第		◇	由屯田員外郎爲殿中侍御史	〈上神宗論重辟數多〉
呂公弼	壽州人	因其父賜進士出身		◇	籍貫參閱《蜀中廣記》，卷四十七	〈上神宗論肉刑〉
文彥博	汾州介休人	及進士第		◇	知翼城縣，通判絳州，爲監察御史，轉殿中侍御史	〈上神宗論近歲刑獄枝蔓〉
范祖禹	成都華陽人	中進士第		◇	《蜀中廣記》卷四十二，載：「從與司馬光編資治通鑑於洛，凡十五年不事進取，書成，光薦爲秘書省正字。」	〈上哲宗乞遵照至降詔恤刑〉〈上哲宗乞用中典物尙嚴刑爲威〉

〔註 48〕關於幕職州縣官負責的工作，請參閱第四章第二節，〈第二節　幕職州縣官之工作職能〉。

據上表統計有八人對恤行，提出奏議，有幕職州縣官出身者佔半數；至於文官的入仕途徑，除呂公弼，因其父親呂夷簡賜進士及第外，及他文官皆由科舉，取得進士資格。可見對刑法的見解，無論是否有幕職州縣官經歷之文官，皆對當時朝廷的刑法皆有一定的見解，間接顯示出宋代統治者著重法律層面。

反觀進士資格者，較有機會向朝廷發言外，對朝廷恤刑亦有所關懷。以往學者主張重法地，集中在東北地區，這些地區的民風強悍有關，〔註49〕吾人則對恤刑者建言者的籍貫統計，發現除呂公弼、呂誨等人籍貫出身於重法地，〔註50〕導致上奏〈論重辟數多〉、〈肉刑〉等奏議較多，但錢易、范鎮及蘇頌等三人，儘管原生籍貫並非重法地，但此三人以往擔任幕職州縣官地區域，分別隸屬濠州、開封府及宿州等重法區，也許因爲任官經歷中，處理較多相關處極刑的案例，導致在重法地擔任幕職官地他們，爾後有朝一日在朝爲仕，亦會關注重法斷刑之獄訟處理議題，讓筆者推斷文官的原生籍貫，及日後任職於「重法地」的與否，將影響文官對於刑法、體恤的關注。

至於〈議獄〉的討論，有幕職州縣經歷者，僅占半數，吳育、張方平等人，儘管並非幕職官出身，但任官經歷裡，曾任地方知縣、通判等地方長官，較有機會接觸地方實際獄訟之事，使得爾後入朝，亦會針對獄訟部份等事加以建言。

表 5-10：《諸臣奏議》，卷九十九，〈議獄〉之作者分析：

作　者	籍　貫	進士與否	幕職出身	非幕職出身	備　註	上奏內容
吳　育	建安人	舉進士，試禮部第一中甲科		◇	除大理評事，遷寺丞，歷知臨安、諸暨、襄城三縣。	〈上仁宗乞今後毋輕置詔獄〉

〔註49〕程民生，《宋代地域文化》，頁 36～37，表一：元祐初重法地之分佈表：

地　區	數　量	州縣名稱
開封府	3	東明縣、考城縣、長垣縣
京西路	1	滑州
京東路	12	應天府、鄆州、兗州、曹州、徐州、齊州、濮州、濟州、單州、沂州、淮陽軍、廣濟軍
河北路	8	澶州、博州、滄州、邢州、平鄉縣、洺州、平恩縣、肥鄉縣
淮南路	5	亳州、壽州、濠州、泗州、宿州
福建路	3	南劍州、汀州、建州

〔註50〕宋廷通常於重法地，施行較爲時殘酷的嚴刑峻法，以避免當地叛亂與動盪。

傅堯俞	本鄆州須城人，後徙至孟州濟源	進士及第		◇		〈上仁宗乞發遣親事官吳清等照證公事〉
司馬光	陝州夏縣人	進士甲科	○		曾任開封府推官、簽書蘇州判官事；紹聖初，奪其謚贈，追貶牙州司戶參軍。	〈上仁宗乞發遣親事官吳清等照證公事〉
張方平	南京人	舉進士		◇	舉茂材異等爲校書郎，知崐山縣，又中賢良方正選，遷著作佐郎，通判睦州。	〈上神宗論監司官多起於刑獄〉
彭汝礪	饒州鄱陽人	治平二年舉進士	○		曾任保信軍推官、潭州軍事推官，後爲安武軍掌書記	〈上神宗論詔獄〉
朱光庭	河南偃師人	因其父蔭補擢第	○		曾任萬年主簿、歷四縣縣令，後又曾任簽書河陽判官。	〈上哲宗乞罷大理獄〉

以往學者從人才、教育、學術等部份，探討宋代區域的文化，分爲南北兩型來討論，進而對該兩種型態之人物，探討宋人的鄉土觀念與地域之見，及宋人如何強調地域文化的各種樣貌。〔註 51〕筆者利用文官上奏的奏折，發現不少有幕職州縣官經歷的文官，在入朝爲官時會突破家鄉本籍，關懷任官區域現象及相關（地方）問題。這些任職於各地區之文官，凡有機會入朝爲仕，會針對以往管轄之區的特色，向朝廷進納建言，如川陝地區人民好訟，於淳化三年，文官委請朝廷「仍乞縣令之中，容選清強差使。」〔註 52〕

概觀《諸臣奏議》的作者籍貫分析，得知有幕職州縣官經歷的者，在百官門及財賦門所上奏的比例較高。現實上文官上奏內容，有幕職州縣官經歷者，較瞭解地方實際問題，奏折內容部份較趨於務實，會針對問題提出解決措施。反觀，非幕職出身者之文官，縱然對地方事務及考銓制度也會有所關注，但其上奏內容部份，則不如有幕職州縣官經歷者務實。

宋朝依文人登第名次，授多不同等第的職官，〔註 53〕讓京朝官在入仕途

〔註 51〕程民生在《宋代地域經濟》與《宋代地域文化》二書，提出宋代地域經濟的特徵爲：「周邊發展，中間遲緩，呈盤狀型態。」此外對於現在中文部份未代地域文化的討論，可參閱吳雅婷，〈回顧一九八〇年以來宋代基層社會研究－中文論著的討論〉，《中國史學》，卷十二，2002 年 10 月，頁 72。

〔註 52〕《宋會要輯稿》，刑法三之五十，〈乞川峽民訟依原敕行遣奏〉，淳化三年七月三十日。

〔註 53〕《宋史》，卷一百五十五，志第一百八，選舉一，〈科目上〉，頁 3615～3616：

之前，有機會接觸到地方實務，有助於文官對地方事務的熟悉，反觀明、清兩朝科舉登第者，因缺乏幕職州縣官資歷，對地方行政、訴訟等事多不熟悉，無可避免得將地方刑名、錢穀、書啓等諸多事務，委託師爺或幕賓等人員處理。〔註 54〕

第三節　幕職州縣官經歷與宰相行政風格的關係

總括學者對北宋科舉教育，與社會階層轉換所做之研究，多以權力上層的宰相，〔註 55〕與軍功武將等兩種職官體系著手，〔註 56〕近年學者梁庚堯、〔註 57〕黃寬重等，〔註 58〕由區域家族史的角度，探討文人入仕途徑，及社會階層轉換。

「自今制科入第三等，與進士第一，除大理評事、簽書兩使幕職官；代還，升通判；再任滿，試館職。制科入第四等，與進士第二、第三，除兩使幕職官；代還，改次等京官。制科入第五等，與進士第四、第五，除試銜知縣；代還，遷兩使職官。」此外，隨著時期的不同，朝廷對於科舉等第名次的不同，則會有所調整。

〔註 54〕關於宋代以後幕職制度及幕賓制度的演變則可參閱：陳寶良，〈明代幕賓制度初探〉，《中國史研究》，2001 年 2 期，頁 135～147；李喬著，《中國的師爺》（台北：商務印書館），〈師爺源流概說〉，頁 1～15 及柏樺，〈明代州縣官吏設置與州縣政治體制〉，《史學集刊》，2002 年第 3 期，頁 16～22。綜觀前二爲學者研究，認爲幕賓制度不等同於幕官，兩者間最大的差異，乃於幕官制度爲朝廷職官系統中的佐治之職，而後者則爲幕府主官私自聘請佐治人員。（陳文，頁 135）。而幕職制度在明初仍存在，擔至明中葉以後，由於地方有司不倚重他們，反而自聘幕賓治事，或將具體事務付之胥吏，故導致幕賓制度興起，進而影響清代紹興師爺的興起。（陳文，頁 138）

〔註 55〕陳義彥《北宋統治階層社會流動之研究》，第三章，〈北宋入仕途徑與統治階層之社會流動〉，頁 101。單篇論文則有：陳義彥，〈從布衣入仕的情況分析北宋布衣階級的社會流動〉，《思與言》。第 9 卷，第 2 期，頁 48～57，陳文多透過北宋統治階層中的宰相去探討三代關係與入仕途徑。

〔註 56〕何冠環，〈宋初三朝武將的量化分析：北宋統階層的社會流動現象新探〉，頁 115～127。該文以武將的出身作量化分析，進而探討宋初武將的來源、地域分佈等，提出武將來源在宋初多源於河南、河北與山西三省，若以城鎮爲統計單位，宋初武將則來自太原、開封、洛陽、真定與大名等區，最終利用武將的來源，得出宋代社會流動一方面是由上而下，另一方面是有文有武，同時雙軌進行。

〔註 57〕梁庚堯，〈宋代福州士人與舉業〉，發表於《宋代墓誌史料的文本分析與實證運用》研討會，2003 年 10 月，該文主要探討福建潘氏從事科舉的現象，及不同時期當地士人入朝爲官的管道與比率，文末更點出潘氏一族在福州科登第的現象，爲特殊現象，但在當時大環境裡，讓子弟受教育，與讀書應舉，爲當時福州與其他士人所共有的經驗。

〔註 58〕黃寬重，〈南宋兩浙路的社會流動〉一文，主要探討南宋兩浙路之世家大族，

〔註 59〕吾人企圖利用宰相階層，來看幕職州縣官經歷之宰相的行政風格分析。

一、幕職州縣官經歷與宰相階層之遷轉

早於眞宗咸平四年（西元 1001 年），殿中丞直史館樂黃目，即言「從政之源，州縣爲急，親民之任，牧宰爲先。」〔註 60〕顧炎武《日知錄》也云：「今日之簿尉，未必非他日之宰相。」〔註 61〕可見州縣官直接理民影響基層政治基礎，擔任過幕職州縣官，表現優異者，在透過相關考銓機制，也可能升遷爲京朝官，甚至成爲執政的宰相，所以州縣牧宰等親民官向爲歷朝所重。

君主之下最高執政的宰相，多少人有過幕職州縣官經歷？具有此經歷的宰相，施政有無特色，皆值得進一步研究。筆者據《宋史・宰輔表》、〔註 62〕《宋宰輔編年錄》，〔註 63〕將曾任幕職經歷與籍貫部份加以統計，結果如表 5-11 所示：

表 5-11：北宋宰相中出身於幕職州縣官者：

時期	年　號	人　名	籍　貫	幕職經歷	非幕職經歷	備　註
太祖	建　隆	范　質	河北大名府	○		亦爲後周宰相，曾於後唐忠武軍節度推官及封丘令；後晉爲員外郎。
		王　溥	河東并州		前朝文臣	後周世宗實已受重用。
		魏仁浦	河北衛州		前朝重臣	後周世宗已爲宰相。
	乾　德	趙　普	京西洛陽	○		曾任滑州軍事判官、宋州掌書記。陳橋起兵擁戴有佐命功，授右諫議大夫，充樞秘院直學士。

晉升朝廷的管道，與社會流動的方式，進而觀察南宋官僚階層性質，與組織的轉變；結論裡更點出兩浙的文風，浙東文風優於浙西，而兩宋經濟的繁榮促使平民家族的興起。

〔註 59〕關於個別家族史的研究成果與宋代基層社會的研究成果，參閱吳雅婷，〈回顧一九八〇年以來宋代基層社會研究－中文論著的討論〉，《中國史學》，卷十二，2002 年 10 月，頁 65～93。

〔註 60〕《長編》，卷四十九，眞宗咸平四年六月己酉，頁 1063。

〔註 61〕顧炎武，《日知錄》，卷十二，〈銓選之害〉，頁 253。

〔註 62〕《宋史》，卷二百一十至卷二百一十二，宰輔一至宰輔三爲北宋部份，頁 5415～5542。

〔註 63〕〔宋〕徐自明，《宋宰輔編年錄》，收錄于趙鐵寒教授主編，《宋史資料萃編第二輯》（臺北：文海出版社，民 56 年，台初版）。

	開　寶	薛居正	開封府	○		後晉天福年間曾任開封府判官；宋太祖時爲戶部郎中。
	開　寶	沈義倫	開封府		前朝文官	建隆初爲戶部郎中，開寶六年自樞密侍郎、樞密副使加中書侍郎、同平章事、集賢殿大學士，乃兼提點劍南等路轉運事。
太宗	太平興國	盧多遜	河北懷州			解褐秘書郎；宋初，爲祠部員外郎。
太宗	雍　熙	宋　琪	河北幽州	○		後晉時曾任廬州觀察判官；後周時曾觀城令，後轉遷爲開封府判官。宋初開寶九年，爲護國軍節度判官。
太宗	雍　熙	李　昉	河北深州		蔭補爲官	因其父蔭補爲齋郎，選授太子校書，漢乾祐舉進士，爲秘書郎，宰相馮道引之與呂端同直弘文館改右拾遺集賢殿修撰。周顯德二年宰相李穀征淮南昉爲記室。
太宗	端　拱	呂蒙正	京西洛陽			太平興國二年擢進士第一，授將作監丞。
太宗	淳　化	張齊賢	京西洛陽			《河南通志》，卷六十九所載：「齊賢以布衣獻策陳十事，帝召問賜食且啖且對，內四說稱旨。齊賢堅執以爲皆善。……太宗太平興國二年，禮部放進士榜齊賢在選中，有司失掄置丙科，太宗不悅，自呂蒙正下一榜盡賜及第，特與京官、通判，累官右僕射，後以司空致仕，歸洛卜居。」
太宗	至　道	呂　端	河北瀛州	○		曾任開封府判，後曾貶爲貶商州司戶參軍。
眞宗	咸　平	李　沆	河北深州			太平興國五年舉進士甲科，爲將作監丞，通判潭州，遷右贊善大夫，轉著作郎。
眞宗	咸　平	向敏中	開封府			太平興國五年進士，解褐將作監丞，通判吉州，就改右贊善大夫，轉運使張齊賢薦其材，代還爲著作郎。
眞宗	景　德	寇　準	陝西華州	◇○〔註64〕		年十九舉進士，中第授大理評事，知巴東縣。……累遷殿中丞，通判鄆州，召試學士，院授右正言直史館，爲三司度支推官，轉鹽鐵判官。政爭失利後，被貶爲司戶參軍。
眞宗	景　德	畢士安	河北澶州	○		曾任節度掌書記、開封府判官等職。
眞宗	大中祥符	王　旦	河北大名府	◇〔註65〕		太平興國五年進士及第，爲大理評事、知平江縣。

〔註64〕據《宋史》，卷二八一，〈寇準〉載：「太平興國五年進士，授大理評事，知巴東縣。……景德初，拜中書門下平章事。天禧三年再相，以請太子監國，爲丁謂所陷，罷相，封萊國公，累貶道州司馬、雷州司户參軍。」

〔註65〕◇：該符號表示職官經歷中，曾任知縣，由於知縣亦參與縣級實際事務，儘管不算是幕職州縣官整體階層轉換之比率之內，但有該資歷者對於地方事務亦較其他京官轉遷爲相者更熟悉地方事務。

	天　禧	王欽若	江西臨安軍	○		曾任亳州防禦推官
		丁　謂	兩浙蘇州	○		出身於為大理評事、通判，後貶為崖州司戶參軍。
		李　迪	京東濮州	○		眞宗時曾任留守判官。
仁宗	天　聖	馮　拯	京西孟州			進士補大理評事、通判峽州，權知澤州，徙坊州遷太常丞。
		王　曾	京東青州			鄉貢、試禮部廷對皆第一，楊億見其賦歎曰王佐器也，以將作監丞、通判濟州，代還當召試學士院；宰相寇準奇之，特試政事堂，授秘書省著作郎，直史館三司戶部判官。
仁宗	明　道	張知白	河北滄州	○		曾任職河南節度判官。
		張士遜	京西光化軍	○		曾任鄖鄉主簿及射洪縣縣令。
	景　祐	呂夷簡	淮南壽州	○		曾補絳州軍事推官。
仁宗	景　祐	王　隨	京西洛陽			登進士甲科，為將作監丞，通判同州，遷秘書省著作郎，直史館判三司磨勘司，為京西轉運副使。
	寶　元	陳堯佐		○		曾任魏縣、中牟尉，後轉遷為開封府錄事參軍及開封府推官等職。
	慶　曆	章得象	福建建州	◇		重進士及第，為大理評事，知玉山縣，遷本寺丞。
		晏　殊	江西撫州			賜同進士出身，擢祕書省正字祕閣讀書，命直史館陳彭年察其所，與遊處者每稱許之。
		杜　衍	兩浙越州	○		補揚州觀察推官。
		賈昌朝	開封府	○		曾任晉陵主簿。
		陳執中	江西洪州			以父恕任為祕書省正字，累遷衛尉寺丞，如梧州。
	皇　祐	文彥博	河東汾州	◇		及進士第，如翼城縣，通判絳州；為監察御史，轉殿中侍御史。
		宋　庠	開封府			天聖初舉進士，開封試禮部皆第一，擢大理評事，同判襄州召試遷太子中允，直史館，歷三司戶部判官，同修起居注，再遷左正言。
		龐　籍	京東單州	○		曾任黃州司理參軍。
	至　和	梁適	京東鄆州	◇	蔭補為官	因其父梁顥，而授祕書省正字，為開封工曹，如崑山縣，徙梧州。

		劉　沆	江西吉州			天聖八年，始擢進士第二，爲大理評事，通判舒州。
	嘉　祐	富　弼	京西洛陽	○		曾任開封府推官及簽書河陽判官。
		韓　琦	河南相州	○		曾任開封府推官。
英宗	治　平	曾公亮	福建泉州			舉進士甲科，知會稽縣。
		陳升之	福建建州	◇		舉進士，爲校書郎知南安縣徙知漢陽軍爲監察御史，右司諫改起居舍
神宗	熙　寧	〔註66〕				人知諫院。
		韓　絳	開封府	○		曾任開封府推官。
神宗	元　豐	王安石	江西撫州	○		曾任簽書淮南判官；秩滿，調爲知縣；嘉祐三年，入爲度支判官。
		吳　充	福建建州	○		曾任穀熟主簿。
		王　珪	成都路成都府	○		通判揚州，後召直集賢院，爲鹽鐵判官；紹聖中，追貶萬安軍司戶參軍。
		蔡　確	福建泉州	○		曾任邠州司理參軍。
哲宗	元　祐	韓　縝	開封府	○		曾任簽書南京判官，後遷殿中侍御史。
		司馬光	陝西陝州	○		曾任開封府推官，後任簽書蘇州判官事；紹聖初，追貶爲牙州司戶參軍。
		呂公著	淮南壽州	○		仁宗獎其恬退賜五品服除崇文院檢討同判太常寺；紹聖中，追貶爲昌化軍司戶參軍。
		呂大防	陝西京兆府	○		曾任馮翊主簿及永壽令。
		范純仁	兩浙蘇州	○		釋褐著作佐郎知襄城縣；後曾任簽書許州觀察判官。
		劉　摯	河北永靜軍	○		曾任冀州南宮令，後任江陵觀察推官及開封府推官等職。
	紹聖、元符	蘇　頌	福建泉州	○		曾任宿州觀察推官，後遷南京留守推官。
徽宗	建中靖國	章　惇	福建建州	○		曾調商洛縣縣令；元豐三年拜參知政事。黨爭失利，被貶爲雷州司戶參軍。
		韓忠彥	河南相州	○		曾任開封府判官，以宣奉大夫致仕。

〔註66〕《宋史》宰輔二所載，英宗至神宗初期之宰輔「陳旭」即爲「陳升之」因避神宗諱而改名。

	崇　寧	曾　布	江西建昌軍	○		曾任懷仁縣縣令，及宣州司戶參軍等職。
		蔡　京	福建興化軍	○		曾任錢塘尉及舒州推官。
	大　觀	趙挺之	京東密州			進士上第，熙寧建學，選教授登棣二州，通判德州。
	政　和	何執中	兩浙處州	○		曾任台州判官、亳州判官。
徽宗	政　和	張商英	成都府蜀州	○		曾任通川主簿及開封府推官等職。
		鄭居中	開封府			登進士第，崇寧中，爲都官禮部員外郎起居舍人，至中書舍人，直學士院。
		劉正夫	兩浙衢州			未冠，入太學有聲。……元豐八年，南省奏名在優選，而犯高魯王諱凡五人，皆當黜。宣仁后曰外家私諱頒未久，不可以妨寒士，命寘末級，久之爲太學錄太常博士。
	宣　和	余　深	福建福州			
		王　黼	開封府	○		曾任相州司理參軍。
		白時中	淮南壽州			登進士第，累官爲吏部侍郎，坐事，降秩知鄆州。政和六年，拜尚書右丞。
欽宗	靖　康	李邦彥	河北懷州			大觀二年上舍及第，授祕書省校書郎，試符寶郎。
		張邦昌	河北永靜軍			舉進士，累官大司成，以訓導失職，貶提舉崇福宮、知光汝二州。政和末，由知洪州，改禮部侍郎。
		吳　敏	淮南眞州			大觀二年，辟雍私試首選，蔡京喜其文欲妻以女。敏辭，因擢淅東學事司幹官，爲秘書省校書郎，京薦之，充館職，中書侍郎。
		徐處仁	京東應天府	○		曾爲永州東安縣令。
		唐　恪	兩浙杭州	○		以蔭補登第，曾任郴縣縣尉。
		何　粟	成都府仙井監			政和五年進士第一，擢祕書省校書郎，踰年提舉京畿學士，召爲主客員外郎，起居舍人，遷中書舍人，兼侍講。

據統計北宋宰相有幕職州縣官及知縣等親民經驗者，共有四十五人，約佔全部人數 62.5%，單純僅有幕職州縣官經歷者，僅爲四十人，約佔 56%；隨著君主輪替，宰相出身亦有分別。大抵於北宋中期，神宗、哲宗兩朝，宰相中曾任幕職州縣官者比例最高，分別幾近 100%；仁宗、徽宗及欽宗時，僅爲 40%，至於宋初三朝，有幕職州縣官經歷，爾後擔任宰執的比例，則爲半

數。據相關研究，幕職州縣官經歷與並非出任宰職的必要條件。

以分佈籍貫來看，北宋宰相的分佈，北方出身者有四十三人，佔 60%，南方則有二十九人，40%；實際分佈之地，以河北路最多，佔整體比率的 21.1%。〔註 67〕其次，爲京東開封府、福建一路，各有九人，佔整體比例的 12.7%。〔註 68〕其次爲兩浙路與江西六人，淮南路四人，成都府路三人；至於江東路、荊湖路、虁州，及邊陲的廣南地區，皆無人入仕爲相。〔註 69〕這種宰相北方人偏多的情況，以宋初爲明顯，故宋人李清臣亦曾言：

> 考諸國史，則累朝將相，頗多河北之人。若趙韓王普，實保塞人；曹冀王彬，靈壽人；潘太師美，魏人；李文正公昉及竇尚書儀之昆弟，眞定人；王太尉旦，莘人；張尚書詠，清豐人；柳公開，元城人；李文靖公沆，肥鄉人；張文節公知白，清池人；宋宣獻公綬，平棘人；韓忠獻公琦，安陽人。餘有名公卿相望而立朝者，不可悉數。〔註 70〕

李氏對此現象的形成，認爲是自然環境，與社會風氣交替下的結果。〔註 71〕但近來學者研究則認爲主要原因是宋初政治基礎在北方，導致南方人入仕比例較少。其次，則爲朝廷取人的偏向所致。〔註 72〕

南宋的陸游，更一語道盡，北宋朝廷擢用人才的方向：

> 天聖以前選用人才，多取北人，寇準持之尤力，故南方士大夫沈抑者多。仁宗皇帝照知其弊，公聽並觀，兼收博采，無南北之異。於是范仲淹起於吳，歐陽修起於楚，蔡襄起於閩，杜衍起於會稽，余靖起於嶺南。皆爲一時名臣，號稱聖宋得人之盛。及紹聖、崇寧間，

〔註 67〕據程民生，《宋代地域文化》，頁 143 統計，北宋出自河北路之宰相有十四人，佔 19.7%，但筆者實際對照宰輔年表與宋史列傳，則獲知程氏忽略了李昉之籍貫，據《宋史》所載，李昉爲河北深州人，故河北宰相之比例應該調整爲 21.1%。

〔註 68〕出身於河東、福建路的宰相各有九人，佔整體比例的 12.67%，四捨五入後爲 12.7%。

〔註 69〕相關研究可參閱：程民生，《宋代地域文化》，（河南：河南大學出版社，1997 年），第二章，〈各地文化概況及人才素質〉，頁 143～144。

〔註 70〕〔宋〕杜大珪，《名臣碑傳琬琰之集》（四庫全書本），卷四十一，〈韓太保惟忠墓表〉，頁 2。

〔註 71〕〔宋〕杜大珪，《名臣碑傳琬琰之集》（四庫全書本），卷四十一，頁 2～3：「竊嘗原其故矣：夫河北方二千里，……而土風渾厚，人性質朴，則慷慨忠義之士，固宜出於其中。而雖或有不遇，不及自用，其才亦必掙鬱渟滀，聲發益大，澤浸益遠，以施于子孫，亦自然之理也。」

〔註 72〕程民生，《宋代地域文化》，頁 150～151。

取南人更多，而北方士大夫復有沈抑之？〔註 73〕

陸游的言論顯示出仁宗天聖朝以前，統治者用人的原則，較排斥南方士人，自中後期開始，開始擢用南方人，到哲宗紹聖年間，用人轉而偏南斥北。

二、幕職州縣官經歷與宰相行政風格之影響

北宋宰相有六成以上曾有地方親民官或幕職州縣官經歷，至於地方官經歷是否影響其行政風格；各時期所關注的焦點是否不同？底下則依照時期段限來分，將太祖、太宗至眞宗三朝之宰相劃分爲前朝，仁宗、神宗視爲北宋中期，哲宗至欽宗則爲北宋後期，探討各時期宰相，有無幕職州縣官經歷，對其施政風格，或關注的論述是否有無差異。

（一）宋初

不同時期宰相有幕職州縣官比經歷的比率，略有所不同。大抵於太祖建隆年間，范質、趙普、薛居正皆有前朝幕職州縣官資歷。可見太祖作擢用人才時，會摒除陳見，挑選適合人選，鞏固宋初統治基礎；此外，宋初不少地方制度，也在前朝舊臣的努力下日趨奠定。

無幕職州縣官資歷，卻導致宰相在施政上，有所不同，如無幕職州縣官資歷者：王溥、李昉等人，對制度部份的討論，僅對官員朝服、國家禮制等部份提出建言，如：宰相王溥曾上奏〈論百官祥禫服式奏〉；〔註 74〕太宗時宰相李昉即對朝臣輿服等部份加以關注，顯少針對地方職官制度等部份提出建言。

此外，宋初兩派意見相左者盧多遜及趙普，〔註 75〕因入仕經歷、籍貫有所不同，導致兩人所關注的政治意見，有所分別；按出身方式來看，盧氏解

〔註 73〕〔宋〕陸游，《渭南文集》（四庫全書本），卷三，〈論選用西北士大夫劄子〉，頁 2～3。

〔註 74〕王溥，〈論百官祥禫服式奏〉，《宋會要輯稿》，禮二九之二，開寶元年：「其臣僚迎謝恩命，殿庭出入，候中詳變服之後權吉服。至祥禫日，并於幕次著孝服，入臨奉慰，乃於内東門權設次換衣。」

〔註 75〕《宋史》，卷二百六十四，列傳二十三，〈盧多遜〉，頁 9118～9119：「先是，多遜知制誥，與趙普不協，及在翰林日，每召對多攻普之短。……未幾，復用普爲相，多遜益不自安。普屢諷多遜令引退，多遜貪固權位，不能決。會有以多遜嘗遣堂吏趙白交通秦王廷美事聞，太宗怒，下詔數其不忠之罪，責授守兵部尚書。」

褐秘書郎、集賢校裡，〔註 76〕未有幕職州縣官等實務經歷，總攬其上奏詔令及建言，並發現其無涉及地方財政或文官考銓等部份。反觀，宋初曾有節度推官、掌書記經歷的趙普，〔註 77〕除指出百官考績之弊外，並要求任官選用，需按立功、考績等方式來作爲轉遷的依據。〔註 78〕

太宗朝更出現宰相因出身籍貫、入仕途徑的不同，導致邊防政策有所出入；如無幕職州縣官經歷，河北出身的宰相李昉，雍熙年間曾建言「遣使分詣河南、東，籍民爲兵，凡八丁取一。」〔註 79〕要求募兵河南以東四十餘郡之民。至於，同時期宰相宋琪，雖與李昉同爲河北人，較瞭解邊塞兵馬與山川形勢之事，〔註 80〕但因有延州節度判官經歷，對西北藩部之事更爲瞭解，如《宋史》所謂：

> 臣頃任延州節度判官，經涉五年，雖未嘗躬造夷落，然常令蕃落將和斷公事，歲無虛月，藩部之事，熟於聞聽。大約党項、吐蕃風俗相類，其帳族有生户、熟户，接連漢界、入州城者謂之熟户，居深山僻遠、橫過寇略者謂之生户。其俗多有世讐，不相來往，遇有戰鬥；則同惡相濟。〔註 81〕

透過上述所言，明確瞭解邊區幕職州縣官經歷，縱然無親自造訪藩部，但與藩部交涉及斷公事等事務，助於爾後轉遷爲京官，對西北軍事的建言及施政依據的考量。

〔註 76〕《宋史・盧多遜》:「周顯德初進士，入送，官集賢殿修撰，知制誥，歷兵部郎中、史館修撰，屢知貢舉。開寶四年，爲翰林學士。六年遷中書舍人，參知政事。太平興國初，拜中書侍郎平章事，加兵部尚書。後以交通秦王廷美，流崖州。雍熙二年，卒於流所，年五十二。」

〔註 77〕《宋史》，卷二百五十六，〈趙普〉:「周顯德中，趙匡胤辟爲幕僚，任節度推官、掌書記。參與陳橋兵變。入宋，以佐命有功，授右諫議大夫，充樞密直學士。乾德二年，代范質爲相，任門下士郎、平章事，集賢殿大學士。……太祖晚年，寵任稍衰，初爲河陽三節度。太宗時，復爲相，拜司徒兼侍中，封梁國公。」

〔註 78〕《宋朝諸臣奏議》，卷七十二:「當治世之激勸，不間公卿；由近代以因循，止及州縣。遂使居官食祿，賢愚無分別之因；冒寵挾私，陞黜有泛濫之弊。……由是職皆不舉，人盡偷安。……臣欲起請今後除節、察、防禦、團練、刺史及武臣等，蓋必戰伐立効，祿位酬勳，凡公事仰委官吏振舉外，伏請先自宰相，次百執事，至于賓客寮佐等，皆請逐歲書考。」

〔註 79〕《宋史》，二百六十五，列傳二十四，〈李昉〉，頁 9136～9137。

〔註 80〕《宋史》，列傳二百六十四，列傳二十三，〈宋琪〉，頁 9125:「琪本燕人，以故究知蕃部兵馬山川形勢。俄又上奏曰國家將平燕薊，臣敢陳十策。」

〔註 81〕《宋史・宋琪》，頁 9129。又可參見《長編》，卷三十五，淳化五年正月，頁 768。

又如眞宗朝之宰相寇準，於開封府知縣期間，上奏「選任判司簿尉中才優者，候滿三年，即授予軍巡判官」。〔註82〕亦曾擔任親民官，瞭解地方官員選授，進而提出相關建言。在財政議題之關注，寇準曾因擔任過大名府成安知縣，〔註83〕對地方事務較爲認識，於大中祥符九年四月知永興軍時，上奏朝廷〈乞科責豪民放高利貸奏〉：

> 所部豪民，多貸錢貧民，重取其息，歲償不逮，即平入田產。望降詔旨許人糾告，嚴加科責。〔註84〕

反觀無幕職州縣官經歷的宰相，並未針對北宋考銓制度之選任、邊區事務，及財政見解等部份提供建言。可見有無幕職州縣官或親民官經歷，將成爲日後轉遷高官時，發表的背後論據。

（二）北宋中期

北宋仁宗前期，較多宰相無幕職州縣經歷，如：馮拯、王曾、王隨；慶曆年間的晏殊，與皇祐以後的宋庠、劉沆等人，皆利用科舉出身，進而授予地方通判，或中央初等京官等職務。透過現今所保留的資料，看出這群直接授予初等京官，在上書建言，及發表建議時，較少對地方事務提出關切。

以仁宗朝入仕途徑不同，陳執中及文彥博來作比較；發現以父親恩蔭入仕秘書省正字，擢右正言的陳執中，任官經歷裡無幕職州縣官及親民官經歷，〔註85〕故以現存文集裡，找不到其關於地方卹刑、財政，或地方官擢用等建言。反觀有幕職州縣官經歷者：文彥博曾有知縣等親民官經歷，〔註86〕

〔註82〕《長編》，卷五十四，咸平六年三月乙卯，頁1187：「見闕軍巡判官，乞選曾一任判司簿尉人材優者充，候滿三年，與京官親民差遣。」

〔註83〕《宋史》，卷二百八十一，列傳四十，〈寇準〉，頁9527：「中第授大理評事，知歸州巴東、大名府成安縣。每期會賦役，未嘗輙出符移，唯具鄉里姓名揭縣門，百姓莫敢後期。累遷殿中丞、通判鄆州。召試學士院，授右正言、直史館，爲三司度支推官，轉鹽鐵判官。會詔百官言事而準極陳利害，帝益器重之。」

〔註84〕《長編》，卷八十六，大中祥符九年四月辛丑，頁1983。

〔註85〕《宋史》，卷二八五，列傳第四十四，〈陳執中〉：「以父恕蔭授秘書省正字擢右正言。謫監岳州酒務，改判府州。累遷三司户部副使。明道中，歷知應天府、江寧府、揚州，同知樞密院事。以資政殿學士知河南府，遷工部侍郎、陝西同經略安撫招討使。慶曆四年參知政事。次年，拜同中書門下平章事。皇祐中，改兵、吏部尚書，出判大名府。皇祐五年在爲相，嘉祐四年六月卒，年七十。」

〔註86〕《宋史》，卷三一三，列傳第七十二，〈文彥博〉：「天聖五年進士，知翼城縣，通判絳州，後爲殿中侍御使、河東轉運副使。慶曆八年拜同平章事。皇祐三年罷，出知許樞密使。熙寧年間，因極論新法之害，力引去。巡以太師致仕。」

對地方問題的瞭解，有助於爾後入朝爲官，對地方事務的瞭解，更提出相關議論：

> 縣令爲親民眾任，舊制不許差出，蓋慮妨闕政事。近歲以來諸路職司官多是將閑慢公事託以爲名，差遣出入，頗妨本縣民。……臣欲乞今後知縣、縣令除許差推勘重難刑獄及應副軍期差使，或權知繁劇郡縣外，更不得以閑慢公事差出。仍令今後凡差出知縣、縣令，並須依舊例具事由奏知。如差訖不奏。或依前以閑慢公事差出知縣、縣令，其所差職司官吏，並從違制，分數定罪；被差之官，亦行斷罰。〔註 87〕

透過上述言論瞭解文彥博因有過地方知縣等親民官經歷，對知縣、縣令任意以公事爲由任意差出，妨礙民政等問題，提出糾正；進而認爲知縣、縣令等親民官，除非特定原因，不得任意因公事差出。若有需要外出，則需事先奏知；倘若任意差出導致閑慢公事者需受到處罰。

至於宰相罷任期間，出任外朝也對日後復相，瞭解民間疾苦有所助益；如皇祐三年（西元 1051 年）文彥博曾出任忠武軍節度使、知永興軍等歷練，使其對陝西當地將帥的任用，〔註 88〕及當地里正、衙前之弊病，皆有某種程度的認識，故於至和二年（西元 1055 年）復相時，對陝西衙前、里正職役負擔過重等問題，提出嚴厲的指正：

> 臣昨在陝西，訪問民間甚苦者，里正、衙前。里正法用第一等户，鄉狹户少者，至差第三等充。是致差定之時，更相糺决，禁繫追呼，動逾歲月。校計家資，纖細不漏，至於食器甚賤之物，估直爲業，及充衙前，藉爲抵當。主持場務，稍有欠折，則竭產償官，猶不能足。欲令陝西都運使相度轄下州縣，有鄉狹户少處，將比近三兩鄉合差一里正，即可選力及人户充役，且不致差遣頻併，庶寬民力。〔註 89〕

此外，幕職州縣官經歷，對宰相施政風格與關注焦點，也是有所分別，以文彥博爲例在熙寧四年所言〈言青苗錢奏〉：

〔註 87〕文彥博，〈乞知縣縣令不得閑慢公事差出縣令爲親民重任〉，《潞公文集》（四庫全書本），卷十六，頁 1，農曆八年。

〔註 88〕文彥博，〈乞令邊帥練兵約東諸將奏〉，《文潞公文集》，卷十七，頁 2：「臣切見自慶歷，初陝西四路之兵，逐路始分數，將每將馬步不下三二千人，各有訓練，務要精熟；兼得兵將相語，使喚之際，盡知人人所能，則鮮敗事。伏乞嚴戒逐路大帥講求軍法，精加訓練，約東諸將，近務在和同，兵聲自畏」。

〔註 89〕文彥博，〈奏里正衙前事〉，《潞公文集》，卷十七，頁 4～5。

臣位忝三公，職當論道。……近日以來，中外喧傳，以諸路散青苗錢，深爲不便。臣比不知本末，今訪知其由，深可驚駭，不近人情，……況聞鄉縣之民，有窮迫之甚者，即皆願請錢，一時聊濟窘急，向去必難塡，償此乃下民從來常態。州縣既以逋欠，必從散行催督，追呼笞責，何所不至。兼聞諸路州縣之民，猶有積欠租稅貸粮，并預支紬絹錢數甚多，將來一併催納，何由取濟？所散官錢，又成積欠。提舉之官，徼冀旌賞，務成功利，剥下媚上，何恤於人？州縣承風，不敢申理臣。恐緣此煩擾，必致興起事端。〔註 90〕

藉由文彥博之言論，瞭解縱然其身處三公之位，對地方財政、借貸之事，仍頗爲關心；探討青苗法問題時，因其本身曾有親民官經歷，故對地方百姓借貸、催稅等地方實務較爲熟習，派人訪查的結果，發現青苗法推行所導致州縣弊病。

幕職州縣官或親民官經歷對文官的影響，不僅只爲宰相對時政的關懷；不少文官因有該經歷，儘管身處在野，亦會上奏中央體恤百姓避免追擾，如元祐五年（西元 1090 年）文彥博建議〈久旱乞不追擾事〉：

臣竊以自春以來，時雨愆亢，人情惶惶，謂必艱食。……臣慮州縣親民之官，不知農事之急，以小小詞訟，勾追證逮，禁繫淹延，至於隨司門留，亦有拘繫，頗防農作。臣欲乞下諸路久旱郡縣，當此農事急切之時，民間小可詞訟爭鬪，一切且罷追擾。除事干人命及刼賊急切公事，即依常施行。〔註 91〕

利用相關建言，得知文彥博儘管不在宰相位階，但曾有親民官等實務經歷，讓日後在災害發生時，上書朝廷罷除一切追擾。可見文官有無幕職州縣官歷練，除影響對於地方事務的瞭解外，亦會導致文官施政風格，及關懷的論點。大抵有幕職州縣官，或親民官經歷者，除關心地方財政、百姓生活外，亦會關心地方官員的任用；若初入仕途即授低階京官者，由於缺乏地方實務經驗，頂多針對朝官禮制部份提出批評；至於對地方事務的關懷，以現存的資料來看，較缺乏相關論述。

（三）北宋後期

北宋自神宗朝後，幕職州縣官經歷轉遷宰相的比例愈來愈高。在神宗及

〔註 90〕文彥博，〈言青苗錢奏〉，《潞公文集》，卷二十，頁 1～2。
〔註 91〕文彥博，〈奏久旱乞不追擾事〉，《潞公文集》，卷三十，頁 5。

哲宗二朝，幾乎所有宰相，皆有幕職州縣官歷練。拿哲宗後期無幕職州縣官經歷的趙挺之，及有幕職州縣官經歷的曾布兩人相較，以釐清不同入仕方式的宰相，行政風格及關懷焦點是否有所不同。

以趙挺之而言，熙寧年間進士，解褐登、棣二州教授，通判德州。崇寧元年，由吏部尚書拜右丞。任官轉遷的資歷中，並無任何幕職州縣官及親民官經歷；〔註 92〕以現存的《長編》、《會要》、《宋史》及《奏議》等記載，未見到趙氏針對地方任官銓選，或財政、恤行等部份發表言論。反觀曾任宣州司戶參軍與懷仁令經歷的曾布，〔註 93〕對於地方戶口帳籍之事，多有關注。

熙寧五年（西元 1072 年），曾布於擔任檢正中書五房公事期間，則針對戶籍不清等問題，提出乞驅磨帳籍之議：

> 臣伏以四方財庫，其爲名物，豈可勝計？凡給納斂散，登耗多寡，非有薄書，文籍以勾者考之，則乾沒差謬，慢不可知。故內自府庫，外至州縣，歲會月記，以上於三司。紙劄之須，賄賂之廣，遠近之人，以爲勞敝。……乞於三司選吏二百人專置司，磨勘天下帳籍；以至三部勾院，亦皆選吏置官，責以審覆。其人吏各優與俸給，課以功限，爲之賞罰。仍自朝廷選官提舉其措置條約，乞下詳定帳籍所詳具以聞，從之。〔註 94〕

透過相關言論，得知也許曾布因曾擔任過司戶參軍一職，瞭解地方工作實務中，帳務不明確等問題；爾後擔任京朝官之際，特別委請朝廷針對地方戶籍的考覆，言訂賞罰、磨勘規則。

此外，利用紹聖二年（西元 1095 年），曾布所建言的〈論役法劄子〉所示，可顯示出新法的執政者，常因理念不同，導致紛爭：

〔註 92〕《宋史》，卷三五一，列傳第一百一十，〈趙挺之〉，其解褐任官至宰經歷爲：「熙寧進士，爲登棣二州教授，通判德州，通判，德州。元祐中召試館職，爲秘閣校理，遷監察御使。又歷太常少卿，權吏部侍郎，除中書舍人、給事中。徽宗朝累官御使中丞。力主紹聖之書，排斥元祐諸臣不惜於力。崇寧元年，再由吏部尚書拜右丞。二年，進左丞、中書門下仕郎。四年，因蔡京薦，進拜尚書右僕射。既相，與採經爭權。大觀元年罷官。」

〔註 93〕《宋史》，卷四七一，奸臣傳，〈曾布〉，其解褐至卒官之任官經歷爲：「解褐懷仁令，後調宣州司户參軍，神宗時，任集賢校理，判司農司，檢正中書五房。熙寧七年，因斥呂嘉問以市易法搜括之虐，忤王安石，黜知饒州，徒譚州。其後歷知廣、桂、秦等週。徽宗立，任右僕射，獨當國政。後與蔡京不合被放逐。大觀元年，卒於潤州，年七十二。」

〔註 94〕《宋會要輯稿》，職官五之二六，熙寧五年九月辛未。

今使役法已行，然成書方上，而議論無所折衷。蔡京、王右忠，侍從之選，然兩人所見，多不同執政，又未通曉其下官屬。日相紛爭眾議，施恐未易了。昨初降役法，但云依元豐八年見行條約行，則已曲盡及。章惇欲立異，本去年秋科納錢，遂展至今年五月，役人多已替放，又却令候今年放罷，只失此兩科役錢，僅八百餘萬。今臣書既上，議論不一，將來施行，必有不便於人情者。〔註 95〕

相關言論也許帶有批評新法主事者蔡京、王右忠及章惇等部份，但卻點出役法施行的主事者，常由於不通曉下級屬官及民意，造成役法的施行，不便於人情。透過該論述裡，看出同黨派在批評時政時，會利用施政不通曉其下官屬等部份，來加以駁斥。底下則進一步剖同為幕職州縣官經歷，但黨派不同，是否造成關注焦點的差別，為底下論述的核心。

而以往對北宋中後期黨爭的討論，多以宰執政者之籍貫，〔註 96〕或以墓誌銘看元祐黨人之間的關係作討論；〔註 97〕但北宋徽宗年間，曾布批評役法的言論，看出被抨擊的主事者蔡京，亦曾有幕職州縣官經歷，這不禁令筆者疑惑，同為幕職州縣官經歷晉升宰相者，但在黨爭之際，對於政策的關注焦點是否雷同。於此特別挑選王安石、〔註 98〕司馬光兩人來做比較。〔註 99〕

以兩人職官經歷來看，皆透過科舉途徑入仕，都有幕職州縣官歷練，但兩人對於政爭上則有頗大的出入；以王安石而言，熙寧二年起主持新法，在變法施政上著重治財部份，〔註 100〕先後推動農田水利、青苗、均輸、保甲、

〔註 95〕〔宋〕彭百川，《太平治跡統類》，卷二十四，頁 15-2。

〔註 96〕程民生，《宋代地域文化》，第一章第四章，〈黨爭中的地域問題〉，頁 59～65。

〔註 97〕平田茂樹，〈從劉摰《忠肅集》墓誌銘看元祐黨人之關係〉，《東吳歷史學報》，第 11 期，民國 93 年 06 月，頁 103～134。

〔註 98〕《宋史》，卷三百二十七，列傳第八十六，〈王安石〉，其生平重要任官資歷為：「擢簽書淮南判官。仁宗朝力官至三司度支判官、知制誥，以母喪去職。神宗即位，起知江寧府，召為翰林學士兼侍講。熙寧二年拜參知政事，主持變法；次年拜同中書門下平章是。但因新法遭反對，故於熙寧七年罷相，以觀文殿大學士出知江寧府。八年，復相。九年，再罷相，出判江寧府，退居江寧。終至元祐元年卒，年六十六。」

〔註 99〕《宋史》，卷三百三十六，列傳第九十五，〈司馬光〉，其重要任官經歷為「仁宗寶元初，中進士甲科，曾任簽蘇州判官，及簽書武成軍判官事，後改大理評事，補國子直講。神宗即位，擢為翰林學士。王安石變法期間，遂求去，以端明殿學士知永興軍。元祐元年，拜尚書左僕射兼門下侍郎。同年九月薨，年六十八。」

〔註 100〕《宋史》，卷三百二十七，〈王安石〉，頁 10542，〈上萬言書〉：「今天下之財

免役及市易等諸法。〔註 101〕反觀舊黨司馬光，善用銓選機制，選擇適合的人才任官，以避免官員加賦於民，方爲治國之道；〔註 102〕如〈賑濟箚子〉所言：

伏覩近降朝旨，令户部指揮府界諸路提點刑獄司體量州縣人户，如委是闕食，據見在義倉及常平米穀速行賑濟，仍丁寧指揮，州縣多方存恤，無致流移失所，此誠得安民之要道。然所以能使民不流移者，全在本縣令佐得人，欲乞更令提點刑獄司，指揮逐縣令佐專切體量鄉村人户，有闕食者，一面申知上司及本州，更不候回報。……縣令佐有能用心存恤闕食，人户雖係災傷，並不流移者。〔註 103〕

利用司馬光箚子所示，看到舊黨人士對於地方官地銓選頗爲著重，企圖利用愼選令佐等機制，裁選適合的令佐；在適當時機賑濟，如此方能解決人民流離失所等問題。

至於王安石對新法的推動及立法用意，並非如舊黨人士所言，如此害民，正如他自己所云：

三法者得其人，緩而謀之，則爲大利。非其人急，而成之，則爲大害。故免役之法成，則農時不奪而民力均矣；保甲之法成，則寇亂息而威勢彊矣；市易之法成，則貨賄通流而國用饒矣。〔註 104〕

只可惜王安石變法裡用人不當，且操之過急，導致原本利民之法，產生諸多流弊。但透過王安石與司馬光之言論，會發現縱然宰相有幕職州縣官歷練更瞭解民間問題，但在政治推行與實際政策的執行，往往存在諸多變因；北宋黨爭儘管不可藉由是否擔任幕職州縣官經歷，來區分黨派，但新舊黨爭兩派

力日以困窮，風俗日以衰壞，患在不知法度，不法先王之政故也。法先王之政者，法其意而已。法其意，則吾所改易更革，不在乎傾駭天下之耳目，囂天下之口，而固已合先王之政矣。因天下之力以生天下之財，收天下之財以供天下之費，自古治世，未嘗以財不足爲公患也，患在治財無其道爾。……後安石當國，其所注措，大抵皆祖此書。」

〔註 101〕關於王安石新法的推動與反對聲浪，則可參閱《宋史．王安石》，頁 10544～10550。

〔註 102〕關於司馬光及王安石對國用不足的看法，可參閱《宋史．司馬光》，頁 10763～10764：「安石曰：『不然，善理財者，不加賦而國用足。』光曰：『天下安有此理？天地所生財貨百物，不在民，則在官，彼設法奪民，其害乃甚於加賦。』」

〔註 103〕司馬光，〈論賑濟箚子〉，《傳家集》（四庫全書本）卷五十二，頁 2，元祐元年上。

〔註 104〕王安石，《臨川文集》（四庫全書本），卷四十一，〈上五事箚子〉，頁 7。

對於地方事務的關心，是有所不同的。以新法而言，多關心地方財政收入增加；各種役法的施行最初是體恤百姓生活所設，可惜所用非人，使得相關制度變相成爲斂財害民的工具。至於舊黨執政者，多以新黨過於急功好利，忽略地方令佐裁選，使得上下民情無法傳達，使得政策最終成果大打折扣。縱然兩派人馬對時局看法是相當務實的，但對於所關注的議題部份，則是有所出入。

本章小結

總結幕職州縣官經歷對北宋政權的統治機能，是有所影響的。以往過於強調文人不想任職於偏遠地區，以各種手法獵官等現象，忽視幕職州縣官經歷對地方鄉土、風俗的認識。透過《宋史》人物列傳的統計，發現趙宋政權入朝爲官的籍貫，及擢用人才階層分佈，乃因時而異；以籍貫分佈而言，國初入仕籍貫較高地區，主要集中於開封及河北等北方地區。但隨著政權的穩固，出現愈趨近後期人口移往四川、兩浙等現象，對該部份的討論，筆者推測是受到當地人口飽和，及外在環境改變等因素交錯下的成果。

至於幕職州縣官出身者的階層部份，據統計絕大多數的幕職州縣官，透過科舉入仕者較有機會在仕途嶄露頭角。北宋《宋史》人物列傳裡，曾幕職州縣官經歷者，約佔半數以上（52%）；科舉諸科入仕者佔八成，一成爲蔭補出身，至於剩下一成隨著政局不同，擢用人才的方式也有所差異；大抵於國初之際，以前朝舊臣及流外等其他方式入仕者較多。至眞宗朝考銓制度確立後，增加進士出身者的比率，自仁宗後期，逐漸出現捐官納貲等入仕途徑。讓筆者感到好奇的是：儘管科舉取士占幕職州縣官來源的多數，但當時環境裡，文官反而認爲考銓體系多爲高官權臣所壟斷，可見朝臣的認知，與現實統治者用任編制上，是有所出入。

至於幕職州縣官經歷對文官上奏及施政的影響，以《諸臣奏議》爲例，企圖以上奏者的出身背景分析，幕職州縣官經歷對北宋政論間的關係。透過上奏者之籍貫及出身分析，發現有幕職州縣官經歷者，對於財政恤行及司法斷刑等部份較有建言。而幕職州縣官經歷，往往影響爾後入朝的建言。在這部份的關懷，有時是超過自己原生籍貫打破地域性的；而幕職州縣官經歷與宰相高官地轉換，並非必然絕對的關係。但宰相裡有無幕職州縣官經歷，卻影響到施政風格與關注論點。

綜觀相關研究，得知有幕職州縣官歷練者在擔任宰相時，會關注擔任幕職之地的政策外；更發現宰相出任外官之際，讓宰相有機會瞭解民間疾苦。在新舊黨爭之時，縱然幕職州縣官經歷，並無造成朝野對立等問題加劇，但透過王安石及司馬光兩人的言論，得知新黨人士對財政的議題較爲關注；反觀舊黨人士，除了批判新法害民流弊之外，更著重地方州縣令佐的銓選，主張愼選州縣官員，撫卹百姓，以達到安居樂業之效。

第六章　結　論

幕職官、州縣官，兩者原屬不同的職官體系；「幕職官」爲唐末諸道藩鎮自辟署僚佐演變而來，本文討論的核心，在「上級幕職官」。〔註 1〕至於終唐一世，幕職州縣官的權限與地位，並未有詳細的規劃，目前僅獲知幕職官原爲藩鎮屬內助手；自五代起，各藩鎮用人行政紛紛獨立，使得幕職官的種類更多元，同時其工作多從事地方親民事務。至於「州縣官」演變，上源至兩漢，但隨著唐末藩鎮勢力的坐大，進而奪取中央銓選州縣官的權力。

五代十國朝代更迭甚速，隨著政權掌握能力不同，對幕職州縣官銓選也有所差異，大抵相關文官的選授，多隨著王權勢力的消長，有所增減；但較特殊的是，南方的十國，因外在環境缺乏似五代有契丹等外族壓境，使得君主在收回地方節度使的權限上，較少受到阻礙。但由於本身疆土過小，且境內多置州縣，故衍生出其他問題，最終使得十國的地方編制，雖不見藩鎮獨占鼇頭之弊，卻因君主個人能力的強弱，影響到整體政權的興衰。

趙宋立國於制度沿革上多襲前朝，利用幕職州縣官的選授，達到「中央集權」之效。〔註 2〕整個北宋，在不同時期的編制有所不同；大抵於國初二朝，諸多典制多承襲前朝外，藉由官位的授予，籠絡前朝文官；但自眞宗起考銓制度確立，及選授與考銓形成。但幕職州縣官制度也衍生出相關弊病。然這些的問題，常淪爲文官上奏的主軸，但改革之風至仁宗慶曆改制前，並未成氣候。

〔註 1〕〔日〕渡邊孝，〈唐代藩鎮における下級幕職官について〉，《中國史學》，11 卷，2001 年 10 月，頁 83～109。該文將軍事之幕職視爲下級幕職官，至於從事文書爾後較有機會進入中央者，則視爲上級幕職官。

〔註 2〕其概念與觀點，源於廖隆盛老師之《宋史講義》（未出版）。

儘管仁宗皇帝對地方官制的銓選有所調整，但整體環境裡，北宋對貪贓受賂者的懲處，較太祖、太宗二朝較爲鬆弛，仁宗朝「輕外官」之風，導致擔任幕職者爲改官不擇手段，甚至整體官僚制度裡，存在著嚴重改官不實之弊；至於神宗皇帝繼位，企圖將官職、差遣不符等問題，透過元豐改制加以調整，但相關改革多偏向中央官制等部份。隨著商業經濟的繁榮，地方秩序的脫軌，導致部份地區產生盜匪及動亂，因有文官建言將「縣尉」，授予武人，以利於捕盜。

自北宋中期的改革，及王安石變法執政，加劇了國內朝野的對立，及黨爭的形成，爲爾後哲宗、徽宗二朝，埋下政治動盪惡果。但總括北宋中後期，常隨著統治者的更替，與新舊黨人士的主政，使地方官制的改革政策搖擺不定。幕職州縣官在朝野角逐下，往往成爲失意政客的安棲之所。至哲宗朝起，重內輕外問題的傾向更爲嚴重，〔註3〕於徽宗朝，蔡京、鄧洵武等人主政，廣開宗室參選之門，加深北宋所謂「冗官待闕」的現象。〔註4〕使得欽宗時縱然有心改革，但有鑑於金兵南下，使北宋官制改革無疾而終。

然而，宋朝統治者對地方制度調整，與幕職州縣官的選授，往往隨著地方事物的繁瑣，顯然宋代的幕職州縣官，較唐末五代之職官，更爲制度化、規律化，與專職化。此外，有學者將北宋農政的失利，歸咎於地方州縣官員，〔註5〕但藉由地方志等記載，卻看到一些幕職州縣官對地方農政、文化等建設，有相

〔註3〕（宋）顏復，〈上哲宗論人情樂內輕外〉，《宋諸臣臣奏議》，卷七十三，元祐元年，頁799：「臣伏覩陛下求治之意，安遠甚乎綏近；今人臣事君之心治外懈于治內，如此上下相戾，欲治登休實而民無失所，不可得矣。何哉？自二聖臨御以來，敢有小違民情而幸利于國家者，撤而去之，唯恐不逮。銷欝伊之氣，召和順之祥，指日以期太平之政，由是知陛下視遠如邇，夙夜軫懷，則尤重于遐遠耳目之外也。中都省、臺、寺監之屬，沿歷代之名，皆命以員；四方之官，監司、守令；郡縣官至筦榷；邏徼之職，鮮有無實而置者，是以人情輕外而樂內。居內之官，疲者可以逭過，才者可以育聲，躁求徼進，往往有踰分之得，非自重而信道，信道而安命，安命而行志，行志而愛民者，不免有外官勤勞寡效之厭矣。」

〔註4〕（宋）洪邁，《容齋四筆》，卷十五，〈討論濫賞詞〉，頁788～789：「以自崇寧以來，創立法度，例有泛賞，……種種濫賞，不可勝述。其曰應奉有勞、獻頌可採、職事修舉、特授特轉者，又皆無名直與，及白身補官，選人改官，職名礙格，非隨龍而依隨龍人，非戰功而依戰功人等，每事各爲一項，建議討論。又行下吏部，若該載未盡名色，並合取朝廷指揮，臨時參酌。追奪事件，遂爲畫一規式，有至奪十五官者。雖公論當然，而失職者胥動造謗，浮議蜂起。」

〔註5〕孫國棟，〈從北宋農政之失敗論北宋地方行政之弱點〉，《新亞書院學術年刊》，第8期，頁123～146。

當的貢獻。至於北宋幕職州縣官的遷轉，除繼承唐朝文官考銓標準外，各朝皇帝則略有不同；自神宗起，考銓標準趨於務實，至哲宗元祐年起，又將地方文官的升遷準則，改定爲「四善」、「五最」。縱然相關降黜升遷有規定可循，凡遭遇黨爭之際，州縣官之「司戶參軍」，常淪爲政客左遷之所。

幕職州縣官在北宋官僚體系理所扮演的角色，乃隨著所面對的對象，有著諸多的面貌；透過幕職州縣官的自處，呈現出州縣權力運作裡「動態」的一面，但在官僚運作的模式裡，確有著傳統官僚制度的陋習——官官相護與層層剝削等弊病。〔註 6〕

至於史書對於這群地方低階的文官描述，乃隨著時間的改變，有所不同；自仁宗朝起，文官輕視地方幕職官，導致身爲權力末稍的他們，爲求改官不擇手段，無法順利改官者，則與胥吏、牙人等魚肉鄉民；惡性循環之下，亦間接導致北宋末年地方動亂之因。故南宋人楊萬里更曾批評北宋銓選之弊，在於信吏而不信官。〔註 7〕

利用《宋史》人物列傳中有幕職州縣官經歷者的統計，瞭解北宋不同時間，人才入仕的籍貫分佈，有所不同；至於北宋的用人方向，最初以首都附近之北方爲多，至中期以後隨著南方勢力崛起，人才入仕的籍貫日漸增加。此外，幕職州縣官資歷，對文官來說，可視爲進入京官前的一個跳板；藉由《諸臣奏議》上奏者的背景分析，得知幕職州縣官經歷確實有助於理解地方行政文書與判案。另外，透過幕職州縣官的籍貫分析，了解文官爾後升遷爲

〔註 6〕（宋）富弼，〈論河北流民〉，《宋文鑑》，卷四五，頁 685：「簿、尉、幕職官畏懼州府，府畏懼提、轉，提、轉畏懼朝省，而不敢盡理而陳述。或心存諂妄，不肯說災患之事；或不切用心，自作鹵莽申陳不實者，萬不侔也。」

〔註 7〕（明）顧炎武，《日知錄》，卷十二，〈銓選之害〉，頁 251～252：「楊萬里作選法論，其上篇曰，臣聞選法之弊，在於信吏而不信官。信吏而不信官，故吏部之權，不在官而在吏。三尺之法，適足以爲吏取富之源，而不足以爲朝廷爲官擇人之具。所謂尚書侍郎二官者，據案執筆，閉目以書紙尾而已。且夫吏之犯法者必治，而受賕者必不赦，朝廷之意，豈眞信吏而不信官者邪？非朝廷之意也，法也。意則信官也，法則未嘗信官也。朝廷亦不自信也。天子不自信，則法可否孰決之？決之吏而已矣。夫朝廷之立法，本以防吏之爲姦，而其用法也，則取於吏而爲決。則是吏之言勝於法，而朝廷之權輕於吏也。其言至於勝法，其權至重於朝廷，則吏部長貳，安得而不吏之奉哉！長貳非曰奉吏也，曰吾奉法也。然而法不決之於官，而決於吏，非奉吏而何？夫是之謂信吏而不信官。今有一事於此，法曰如是可，如是而不可。士大夫之有求於吏部，有持牒而請曰，我應夫法之所可行，而吏部之長貳亦曰可，宜其爲可無疑也。」

京官，仍會對任幕職之區有所關切。在面對學者對區域文化的研究，筆者則提出文官的任官資歷，亦恐會影響文官對於政見的發表與關懷，若單純思考籍貫與出身地，來分析南北地區人物性格的差別，是稍嫌不足的。

對於北宋不少宰相與文官，在榮登高官前，多少皆有擔任過地方幕職州縣官地經歷，筆者統計北宋宰相中曾有幕職州縣官經歷者，約佔五成五左右（55%），可見幕職州縣官資歷，與宰相高官地轉換，並非絕對有關。但不同出身方式的宰相，在施政風格上則有不同；大抵有幕職州縣官經歷者，因對地方問題較爲瞭解，在言論部份則對地方事務較爲關注。

但不可否認的是宋朝統治者，透過幕職州縣官的編制，及蔭補措施，去安置仕宦子弟的部份不失爲探討方向之一；儘管文官奏議裡，常針對蔭補過濫與入管道多元的部份提出抨擊，但不少蔭補爲官的高官子弟，縱然擔任地方幕職，卻因其資歷與能力不足，反而久任地方幕職難以改官；相對之下，出身貧寒，而透過科舉入仕者，亦不乏機會晉升高官。可見北宋科舉考銓的機制，縱使可保障高官仕宦的地位，但倘若未經過科舉這關，權貴子弟雖可蔭補爲官，但亦可能終生淪爲幕職。

總結幕職州縣官制度編制，對統治者而言，最初是爲了達到中央集權的目的，以分散地方長官權力，但隨著制度演變亦產生諸多流弊；儘管入仕管道多元、蔭補過濫，官員的水準參差不齊，使北宋後期地方制度趨於腐化。但不可否認的是，幕職州縣官資歷，使得文官在晉升高官前，較有機會接觸地方實際事務。促使北宋的文官，在處理法律判案、地方事務的經驗，是駕輕就熟的。但由於改官奔競的風氣日盛，迫使不少幕職州縣官，無心治理地方，以改官奔競爲最終目標，導致北宋末期地方政治敗壞，百姓深受其害，進而衍生出諸多民變與社會動亂。

附　表

《宋史》列傳中，具幕職州縣官資歷者總表：

人名	籍貫	出身	家世背景	幕職官			州縣官			京官要職
				判官	支使、掌書記	推官	州級	縣級		
							參軍	縣令（親民官）	縣尉、主簿	
范質	大名宗府人	進士（後唐）	父：范守遇，任鄭州防禦判官。			忠武軍節度推官（後唐）		封丘令		1.後晉：出員外郎。 2.乾德初年爲大禮使，禮畢封爲魯國公。 3.乾德二年正月，罷爲太子太傅，同年九月卒。 4.宋初：開封府儀同三司加恃中。 5.卒贈中書令。
趙普	幽州薊人	劉詞薦表於朝（後周）	滑州軍事判官（宋太祖時，范直奏之）	宋州掌書記（宋太祖）						1.太祖拔爲知州。陳橋起兵擁戴有佐命功，授右諫議大夫，充樞秘院直學士。 2.乾德二年任宰相。 3.淳化三年上表，乞骸骨，拜太師，魏國公，給宰相奉料，令養疾；同年七月卒。 4.卒贈尚書令，追封眞定王，賜諡忠獻。上撰神道碑。
趙安易	幽州薊人		趙普之弟		華、邢兩鎮掌書記（太宗太平興國）	河南府推官	府州錄事參軍（建隆）			1.拜監察御史，知興元府。 2.轉殿中，賜緋魚袋。 3.太平興國九年，起拜宗正少卿，知定州。會起曹璨知州，徙安易爲通判，未幾代歸。又表求外任，命知耀州，留不遣，命按視北邊事。 4.卒贈工部尚書。

李穀	穎州汝陰人					充開封府推官（後晉少帝）			署攝本邑主簿（後漢）	1.後漢初拜左散騎常侍，轉職方郎中，充度支判官（後晉）。 2.後周顯德年間任集賢殿大學士。周恭帝加開府儀同三司，進封趙國公，求歸洛邑。 3.建隆元年卒，贈侍中。
竇貞固	同州白水人	同光年舉進士	父：竇專（後唐爲左諫議大夫）			河東節度推官			補萬全主簿（同光）	1.後晉任戶部員外郎、翰林學士，拜中樞舍人。 2.後漢高祖遷吏部尚書。 3.後周：掌國軍正事，後兼侍中。會以馮道爲宰相。 4.轉戶部員外郎。 5.宋初，見范質求任東宮三少未果。
李濤	京兆萬年人	後唐天成年進士家甲科	1.先祖：唐敬宗子李瑋十一世孫。 2.祖：李鎮，臨濮令。 3.父：李元，將作監。 4.子：李承修至尚書水部郎中。 5.孫：李惟勤詔授許州司士參軍。	魏博觀察判官（後唐）				貶偃儀令		1.後晉改考功員外郎、史館修撰（後晉） 2.後漢任翰林學士。又拜中樞侍郎兼戶部尚書、平章事。 3.後周歷刑部、戶部尚書。恭帝時爲莒國公。 4.宋初：兵部尚書。 5.卒贈右僕射。
王易簡	京兆萬年人	後梁舉進士	1.曾祖：王朏，唐劍南刺使。 2.祖：王遠，連州刺使。 3.父：唐州刺使。 4.子：王景讓（官至尚書）。		觀察支使（後梁） ↓ 掌書記（後唐明宗）	鄧州節度推官（後唐莊宗）				1.祠部員外郎（後唐）。 2.後晉判宏文館、史館事。 3.後周轉禮部尚書、刑部尚書。後周告老以太子少保致仕，歸鄉里。 4.宋初召加少傅。
趙上交	涿州范陽人	後唐同光中嘗詣中山王；不得志，因南遊洛陽。	1.祖：趙鄰，鄂州錄事參軍。 2.父：趙簡章椽州司馬 3.子：趙墹、趙畯	涇、勤二鎮州節度判官（後唐）						1.後晉：左司郎中、度支判官、右諫議大夫。 2.後周顯初拜吏部侍郎。 3.宋初起爲尚書右丞。

			同舉進士。趙墹歷秘書郎、殿中丞、著作郎。							
張錫	福州閩縣人	起爲後梁末劉君鐸辟爲軍事判官		軍事判官（後梁） ↓ 陜虢觀察判官（後唐） ↓ 開封府判官（後晉）				茲川令（後唐同光）		1.後唐馮道奏爲監察御使。 2.後晉爲右補闕。 3.後周顯德中以老疾求解官，授右諫議大夫。 4.宋初改給侍中；建隆二年卒。
張鑄	河南洛陽人	後梁舉進士	1.曾祖：張居卿。 2.祖父：張禍，後唐舉進士，爲翰林學士。 3.父：張文蔚爲中書侍郎、平章事。						初任福昌尉（後梁貞明）	1.後唐：右司員外郎。 2.後晉：太常少卿。 3.後周顯德：禮部尚書、光祿卿。 4.宋初：加檢校刑部尚書。 5.建隆四年卒。
邊歸讜	幽州薊人	後晉祖召置門下	1.父：邊退思，潭州刺使。 2.子：邊定，進士及第。			河東節度推官，後改太原府推（後晉）				1.後晉改大理評事，後比部郎中，知制誥。 2.後漢：禮部、刑部侍郎。 3.後周：尚書右丞、樞密直學士，以備顧問，世宗轉爲御史中丞。 4.宋初：刑部尚書，建隆三年告老，拜戶部尚書致仕。 5.乾德二年卒。
劉溫叟	河南洛陽人	蔭補國子四門助教（後唐）	1.後唐劉政會之後。 2.叔祖事後唐昭宗。 3.父：劉岳，後唐太常卿。 4.子：劉炤，罷徐州軍事推官，以求注官。							1.後晉表爲判官，加散階，後爲主客員外郎。後充翰林學士。 2.後周：拜左諫議大夫，後改中書舍人。 3.宋初：改刑部拜御使中丞。 4.任臺丞時二年，屢求代，太祖不允。 5.開寶四年疾於任所。

劉濤	徐州彭城人	後唐天城年舉爲進士	子：皆爲進士及第	山南東道節度判官（後唐）	釋褐鳳翔節度掌書記（後唐）					1.後唐改起居舍人。 2.後晉爲司勳員外郎、史官修撰。 3.後漢爲中書舍人。 4.後周爲右諫議大夫，世宗時任太子右贊善大夫。 5.宋初：以老求退，授秘書兼致士。
邊光範	并州陽曲人	有吏才	1.父：邊仁嗣，忠武軍節度副使。 2.錄其孫邊易從同學究出身。	開封府判官（後晉）				榆次令（後唐）		1.後唐改爲殿中丞，長興年改太常丞。 2.後晉：檢校戶部員外郎。 3.後漢：檢校刑部尚書、衛尉卿。 4.後周：刑部侍郎。 5.宋初：太常卿，簽判選事。 6.開寶四年爲吏部銓曹，後拜中丞；六年以疾解銓曹任。
程羽	深州陸澤人	後晉天福爲進士	子：程希振蔭至尚書虞部員外郎。					虞鄉、醴泉、新都令	陽穀主簿（後晉）	1.後晉年滿改知州。 2.開寶中，選爲兩使判官，入對，擢著作郎，出知興州。 3.宋太宗及爲拜給事中，知開封府。 4.太平興國六年，以老疾求解典試貢士，拜兵部侍郎，給予全奉。 5.雍熙元年卒贈禮部尚書。
張昭	濮城范縣人	後唐莊宗爲興唐尹張憲幕下。	1.祖：張楚平，爲壽張令。 2.父：張直。 3.子：張秉陽爲陽翟主簿。另子張秉圖，進士及第，官至尚書郎。			興唐府推官（後唐） ↓ 北京留守推官（後唐）				1.後唐莊宗改官爲員外郎。 2.後晉戶部侍郎，後爲翰林學士。 3.後漢爲戶部尚書。 4.宋初爲吏部尚書。乾德年進封鄭國公，後改封陳國公。 5.開寶五年卒。
竇儼	薊州漁陽人	後晉天福年間爲進士	1.曾祖：竇遜，玉田令。 2.祖：竇思恭，嬀州司馬。 3.父：竇禹鈞。 4.兄：竇禹錫，與	天平軍掌書記						1.後晉出左拾遺。 ☆後晉釋褐爲滑州從事轉著作郎。 2.後周主客員外郎、知制誥。顯德年間爲集賢殿院士。 3.宋初：禮部侍郎，代知貢舉，病卒於該職。

			其父以詞學名。 5.竇儀之弟							
竇偁	薊州漁陽人	後漢乾祐舉爲進士	竇儀之弟	西京留守判官 ↓ 天雄歸德軍節度判官 ↓ 初爲單州軍事判官（後周） ↓ 彰義軍節度判官	絳州防禦判官（後周） ↓ 歷武軍掌書記（宋）					1.宋初爲歷武軍掌書記。 2.開寶六年，拜右補闕。 3.太平興國七年爲參知政事；同年卒贈工部尚書。
呂餘慶	幽州安次人	蔭補千牛備身	1.祖：呂兗橫海軍節度判官。 2.父：兵部侍郎。	宋、亳觀察判官（後周）	定國軍掌書記（後周世宗）	忠武軍節度推官（後晉少帝）	濮城錄事參軍（後漢及後周） ↓ 歷開封府參軍			1.後爲給中事，充端明殿學士。 2.宋初，爲都副留守。太祖曾任呂餘慶爲元僚。 3.建隆三年，戶部侍郎。 4.開寶六年與宰相更知印事印，旋以疾上表請及解機務，拜尚書左丞。 5.開寶九年卒，贈鎮南軍節度。
劉熙古	宋州寧陵人	避祖諱不舉進士，後唐長興以經傳，後召與進士試，擢第。	1.唐左僕射劉仁軌十一世孫。 2.祖：劉實進爲陰汝令。 3.子：劉蒙正（蔭補殿職供奉官）、劉蒙叟二人。	秦州觀察判官（後周） ↓ 宋州節度判（宋太祖）		亳州防禦推官（後周廣順）				1.宋太祖又轉知州。 2.開寶五年爲本官參知政事。後以足疾求解職，拜戶部侍郎致仕。 3.開寶九年，卒。贈右僕射。
劉蒙叟	宋州寧陵人	乾德按年進士甲科	1.父：劉熙古。 2.子：劉宗儒（太子中舍）、劉宗弼、劉宗誨進士及第。			岳、宿二州推官				1.轉太子中允。 2.眞宗景德以足疾拜太常卿致仕卒。

石熙載	河南洛人	後周顯德年中進士	弟：石熙古、石熙政皆進士及第。		泰寧軍掌書記（太宗）					太宗以左補闕召同知貢舉。
李肅	開封陽武人	進士及第				保靜軍節度推官				
薛居正	開封浚儀人	進士及第，初任劉遂凝之從事（後晉）		開封府判（後晉天福）						1.宋初：戶部侍郎。 2.太宗太平興國加左僕射、昭文館大學士。 3.太平興國六年，卒贈太尉、中書令。
沈倫	開封太康人	後漢乾祐附節度史				宋州觀察推官（宋太祖）				1.宋太祖爲戶部郎中。 2.太宗爲其幕府。 3.太平興國七年降授工部尙書。 4.雍熙四年卒贈侍中。
盧多遜	懷州河內人	後周顯德爲進士	1.祖父：盧眞啓爲邑宰。 2.父：盧億，舉明經爲新鄉主簿。 3.子： a.盧雍爲公安主簿。（其父親所錄。） b.盧寬爲襄州司士參軍（其父錄。） c.盧察，州掾，進士出身，後改簿衛。							1.解褐秘書郎。 2.宋初，爲祠部員外郎。
盧億	懷州河內人	舉明經爲新鄉主簿。	盧多遜之父。	西洛判官（後晉）	單州觀察支使（後晉） ↓ 天平軍掌書記（後晉）				新鄉主簿	1.後漢轉爲水部員外郎。 2.後周爲侍御史。 3.宋初：少尹。 4.乾德二年以少府監致仕。
宋琪	幽州薊人	後晉舉進士	天禧年間錄其孫宋宗諒爲秘書郎	廬州觀察判官（後晉） ↓				補觀城令（後周）		1.宋太祖開寶九年，爲護國軍節度判官。 2.眞宗至道二年，拜右僕射，特給月給一百千；同年，卒贈司空。

				開封府判官（後周）						
李昭述	深州饒陽人	父蔭爲秘書校書郎召學士院，賜進士出身。	祖父：李昉。父：李宗諤大中祥符年爲右諫議大夫			開封府推官				1.後轉知州。 2.眞宗累遷尚書右丞；暴疾卒，贈禮部尚書。
張宗誨	曹州冤句人	以父任秘書省正字。	張齊賢第二子。有子二人： a.張子皋，舉進士，試秘書郎，累官至尚書司封員外郎。 b.張子憲蔭補將作主簿，獻文賜同進士出身，秘書監。	擢開封府判官						遷太子中舍。後貶爲海州別駕。
錢若水	河南新安人	雍熙中舉進士	1.父：錢文敏，後漢時辟爲錄事參軍，歷長水酆都尉、扶風令。 2.子：錢延年錄爲太常奉禮郎。 3.從弟：錢若沖，河陽令			釋褐同州觀察推官				1.淳化初因寇準薦詔翰林，擢秘書郎丞。 2.拜鄧州觀察使、并州經略使，後因足疾終，贈戶部尚書。
辛仲甫	汾州孝義人	能吏弗	1.曾祖：辛實，石州推官。 2.祖：辛迪，壽陽令。 3.父：河東節度判官。 4.子：若沖、若虛、若蒙、若濟、若渝皆爲官。 5.孫：有孚、有邀具中進士。	平盧節度判官（太祖） ↓ 軍、齊觀察判官	武定節度掌書記（後周）					1.太祖任平盧軍節度判官。 2.太祖時又拜右補闕。 3.淳化二年，因足疾罷工部尚書。 4.眞宗即位加太子少傅。 5.咸平三年卒，贈太子太保。

王沔	齊州人	太平興國初舉進士	弟：王淮，太平興國五年舉進士，任殿中丞，後因坐贓棄市。						弟坐贓降定遠主簿	大中祥符初，解褐大理評事。
王化基	眞定人	太平興國二年舉進士。		淮南節度判官						1.初任著作郎。 2.因趙普爲相，諫議用人無益于治；改淮南節度判官。
魏羽	歙州婺源人	上書李煜屬宏文館校書郎	1.子：長子：魏瑛爲太子中舍。 2.孫：魏平仲，天禧三年同進士出身。	雄遠軍判官（南唐）						1.宋師渡江太祖擢爲出其境，羽以城降，太子中舍。 2.咸平四年以疾解戶部度支使，拜禮部侍郎，同年卒。
劉昌言	泉州南安人	太平興國五年舉進士入格	子： a.劉有方比部員外郎。 b.劉有政，虞部員外郎。	泰寧軍節度判官	歸德軍掌書記	徐州推官（太平興國三年）	功曹參軍			1.太平興國八年爲左司諫。 2.眞宗即位拜爲工部侍郎。 3.咸平二年卒贈尚書。
張洎	滁州全椒人	進士出身	1.曾祖：張文，澄城令。 2.祖：張蘊，泗州轉運判官。 3.父：張煦，滁州司法掾。 4.二子皆爲京官。 a.張子期治國子博士。 b.張方回，爲虞部員外郎。 5.孫：張懷玉爲王欽若婿，賜進士及第，大理寺丞。						解褐上元尉	1.擢監察御史。 2.宋太祖時拜太子中允，判刑部。 3.太宗選直舍人院；使高麗後，復改戶部員外郎。 4.至道二年，卒。
李惟清	下邑人	開寶六年以三史解褐	父：李仲行，章丘簿。						解褐培陵尉	1.秩滿千大理寺丞。 2.太宗端拱二年拜給事中，同知樞密院事。

										3.眞宗即位加刑部侍郎，復除御史中丞。 4.咸平元年卒贈戶部尙書。
陶穀	邠州新平人	起校書郎（後唐）	1.乾德中，補殿中省進馬因資格不符被貶爲左贊善大夫、乾州司戶。 2.錄其孫爲秘書省校書郎。	單州軍事判官（後唐）						1.後唐改監察御史。 2.後晉掌內外制，天福九年加倉部郎中。 ☆後周遷戶部侍郎。 3.宋初：禮部尙書。 4.乾德累官刑部、戶部二尙書。 5.開寶三年卒贈右僕射。
扈蒙	幽州安次人	後晉天福年舉進士	1.曾祖：扈洋，琢州別駕。 2.祖：扈智周盧龍軍節度推官。 3.父：扈曾，內園使。 4.從弟：扈載時爲翰林學士。 5.子：扈仲熙。		歸德軍掌書記（後周）				鄠縣主簿（後漢）	1.後周召爲右拾遺、直史館。 2.宋初：中書舍人轉翰林學士。 3.太平興國四年轉戶部侍郎加承旨。 4.雍熙三年疾以工部尙書致仕，卒贈右僕射。
王著	單州單父人	後漢乾祐中舉進士。			潭州觀察支使（後周）					1.後周廣順年間爲觀察支使。 2.後周世宗遷殿中丞。 3.宋初：加中書舍人。 4.乾德三年轉戶部郎中；六年加兵部郎中。 5.開寶二年暴卒。
王祐	大名莘人	後晉被辟爲觀察支使	1.祖：王言黎陽令。 2.父：王徹，至左拾遺。 3.子三人： a.王懿。 b.王旦居中書。 c.王旭：蔭補太祝。		鄆州觀察支使（後晉）		貶爲遼州司戶參軍（後漢）	魏縣、南樂二令（後周）		1.宋太祖拜監察御史。 2.太平興國初左司員外郎，拜中書舍人，充史館修撰，後因疾請告。 3.拜兵部侍郎而終。

			4.孫：王質，蔭補太寺奉禮郎，曾任開封府推官。							
王質	大名莘人	蔭補太寺奉禮郎。	王祐之孫			開封府推官				攝江陵府事，加史館修撰，同判吏部流內銓。擢天章閣待制，出知陝州卒。
楊昭儉	京兆長安人	後唐長興進士登第	1.曾祖：楊嗣復，唐門下侍郎、平章事、吏部尚書。 2.祖：楊授，唐刑部尚書。 3.父：楊景，後梁左諫議大夫。		鎮、魏掌書記（後唐）	釋褐成德軍節度推官（後唐）				1.後唐改左拾遺、直史館。 ☆後晉：改禮部員外郎。 ☆後周：翰林學士。後改御史中丞。 2.宋太祖開寶二年入爲太子詹事；六年以工部尚書致仕。 3.太宗即位加禮部尚書。太平興國二年卒。
魚崇諒	處州山陽人	後唐時期，弱冠相州刺使辟爲從事			鳳翔觀察支使（後晉）					1.後唐明宗時爲秦王王從榮之記室。 2.後晉受宰相推薦爲屯田員外郎、知制誥。 3.後周廣順初，加工部侍郎。 4.宋初，因起母並，朝不起。 5.太宗即位詔授金紫光祿大夫、尚書兵部侍郎致仕。歲餘卒。
高錫	河中虞鄉人	後漢乾祐舉進士	1.弟：高銑。 2.兄子高冕，官至膳部郎中。雍熙二年，卒，年五十。 3.錄其子高垂休爲固始主簿。		徐州掌書記（後漢）	河南府推官（後漢） ↓ 蔡州防禦推官（後周世宗）				1.宋初：宰相范質奏爲著作佐郎，後遷監察御史。太宗時，私受賄賂被貶萊州司馬。遇赦改鈞州別駕。 2.太宗太平興國八年卒鈞州別駕。
顏衎	兗州曲阜人	後梁濯第	兗國公四十五世孫。			天平節度推官（後唐）		臨濟令（後梁） ↓ 鄒平令（後唐）	解褐北海主簿	1.後唐長興初，拜太常博士。 2.後晉：殿中侍御丞。頟召爲駛部郎中、言鐵判官，因母老懇辭。 3.後周廣順初起尚書右丞，頟充端名殿學士。 4.顯德初上表解官，授工部尚書，致仕還鄉里。 5.後周授工部尚書，致仕還鄉里。 6.建隆三年卒於家。

劇可久	涿州范陽人	明律令，後唐同光初，友趙鳳薦於朝。					補徐州司法（後唐） ↓ 貶登州司戶			1.轉大理評事，後誤治貶官登州司戶，遇赦轉詔著作郎。 2.後晉遷大理卿。 3.後周廣順初改太僕卿。 4.宋建隆三年改光祿卿致仕，告老。
蘇曉	京兆武工人	長興初辟鄧州從事	父：後唐秘書少監。		太原觀察支使（後漢） ↓ 華州支使（後周）					1.後周廣順轉大理正，顯德爲屯田郎中。 2.建隆四年全權大理少卿事，遷度支郎中。後遷左諫議大夫，監商稅。 3.開寶九年卒。
王明	大名成安人	後晉天福年間，舉進士不第，爲原州刺使所辟爲從事。	1.子：皆進士及第。 a.王挺至殿中侍御史。 b.王扶至工部員外郎。 2.孫： a.景德中錄王琰光祿寺主簿。 b.錄王師顏爲三班借職。	陳州防禦判官 ↓ 靈武觀察判官（後晉）	建雄軍掌書記（後周） ↓ 武寧軍掌書記（宋初）		清平、鄒城縣令（後周）			1.宋初爲掌書記。後召左拾遺。 2.端拱元年，改禮部侍郎。 3.淳化初知京朝官差遣事。二年卒。
許仲宣	青州人	後漢乾祐登第進士	子： a.許待用治國子博士。 b.許待問舉進士至殿中丞。 c.許待旦比部員外郎。孫：許巨源，進士及第。	淄州團練判官（後周）					釋褐授濟陰主簿（後周）	1.考功員外郎張乂薦爲淄州團練判官。 2.宋初太祖擢授太子中允。 3.太宗端拱年間遷給事中。 4.淳化元年卒。
楊克讓	同州馮翊人	晉末進士不第，爲州將軍辟爲戶曹掾。	1.高祖：楊公略，晉末辟爲戶曹掾。 2.子： a.楊希閔。		節度掌書記（後漢） ↓ 鎮寧軍掌書記（後周）	延州觀察推官（後周）				1.朝散大夫兼殿中侍御史（後周）。 2.宋初：左補闕掌榷貨物。 3.太宗太平爲轉運使，俄轉市舶使。

			b.楊希府官至屯田員外郎。 3.孫： a.楊日華，進士及第，官員外郎。 b.楊日嚴，官至職方員外郎。 c.楊日休，進士及第，殿中丞。							
段思恭	澤州晉城人	後晉蔭補爲鎮國軍節度使官	1.曾祖：段約，定州司戶。 2.祖：段昶，神山令。 3.父：段希堯，太原從事。 4.子： a.段惟一至太常博士。 b.從子：段惟幾。		華、商觀察支使（後晉） ↓ 同州掌書記（後晉開運）					1.後漢：授左補闕。 2.後周，拜左司員外郎。 3.宋初建隆二年除開封令，遷金部郎中。 4.端拱，出遷給事中，尋知陝州。 5.淳化三年終。
侯陟	淄州長山人	漢末舉明經		汝州防禦判官（後周）				濮陽令襄邑令（後周） ↓ 冤句令（建隆）	補雷澤主簿（後周）	1.初任試校書郎。（後周）。 2.宋太祖建隆二年擢爲左拾遺。 3.太宗時與王明同判三司。 4.太平興國八年，卒贈工部尚書。
李符	大名內黃人	後漢乾祐年間辟爲幕府	大中祥符五年錄其子李璜試將作監主簿。	汝州防禦判官		保義軍節度推官			鄄縣主簿	1.右庶子楊恪薦爲大理正。 2.乾德中，知歸州轉運司制置，後改比部員外郎、判刑部。 3.太宗時貶爲知州，至郡歲餘卒。 4.至道二年，追復右諫議大夫。
魏丕	相州人	後周世宗錄爲司法參軍					司法參軍（後周）	歷頓丘、冠氏、元城三縣令		1.後周世宗既爲改右班殿直。 2.宋太祖改作坊副使。 3.雍熙五年，改郢州刺史，後遷左驍衛大將軍。 4.咸平二年卒。

董樞	眞定元氏人	後唐清泰年間獻書授校書郎						浚儀令（後周世宗）		1.後晉爲左拾遺、知樞密院表奏。後周 2.廣順爲左補闕。 3.宋初乾德遷主客員外郎。 4.開寶中，有司計盜舉贓法，坐死。
趙玭	澶州人	家富於財。晉天福中，以納粟助邊用，補集賢小史，調濮州司戶參軍		秦、成、階等州觀察判官			濮州司戶參軍 ↓ 錄事參軍			1.乾德初出爲秦州刺史。 2.改左監門衛大將軍，判三司。 3.後黜爲汝州牙校。 4.太平興國三年，卒，年五十八。
滕中正	青州北海人	舉進士不第，後周顯德年間向拱受辟爲掌書記。	1.曾祖：滕瑤，高郵令。 2.祖父：滕熙，即墨令。 3.父：滕保裔，興平令。 4.子： a.滕玄錫，中進士，官至刑部郎中。 b.滕玄晏，官至工部郎中。	襄、鈞、房、復州觀察判官 ↓ 河南府判官	華州掌書記（後周）					1.改檢校戶部員外郎。（後周） 2.宋初：乾德五年殿中侍御史，後轉倉部。 3.淳化初，判留司御使台。
劉蟠	濱州渤海人	漢乾祐二年舉進士	子：劉錯初以父廕爲大理評事，咸平二年擢進士，累遷至戶部郎中、鹽鐵副使。		保義軍掌書記	宋初歷安遠軍及河陽節度推官			解褐益都主簿	1.乾德五年召拜監察御史。 2.太平興國初，就遷倉部員外郎改轉運使。 3.淳化初兼同考京朝官，差遣二年，暴中風寒，上遣太醫視之，賜以金丹，卒。年七十三。
孔承恭	京兆萬年人	門蔭受秘書省政字	唐昭宗時舉族東遷，遂占籍河南。 1.曾祖：孔昌庶，虞部郎中 2.父：孔莊，後晉爲右諫議大夫。			壽春節度推官	補鄭州錄事參軍		溫、安豐縣主簿	1.入爲大理寺丞，獻宮詞。 2.太祖怒其引喻非宜，免所居官，放歸田里。 3.太宗遷大理正。後授將作監致仕。

			3.子：孔玢，同學究出身，爲登封縣尉。							
宋璫	華州渭南人	乾德中進士及第，拔粹登科。	1.父：宋鸞，監察御史。 2.錄其子宋明遠爲蒲城主簿。		永興軍掌書記				釋褐青州主簿 ↓ 下邽主簿	1.擢著作郎。 2.太宗改右贊善大夫。 3.淳化中命璫任知蘇州，至該州病劇，四年卒。
袁廓	劍州梓潼人	在蜀舉進士及第。	錄其子袁秋賀爲奉禮郎。					遷上蔡令	補雙流縣主簿 ↓ 西平縣主簿	1.擢右贊善大夫。 2.太宗即位遷殿中丞。後轉鴻臚少卿。 3.後被誣陷憤死。
樊知古	京兆長安人	嘗舉進士不第，遂北歸，開寶三年上書以求進用。	1.曾祖：樊倆，濮州司戶參軍。 2.祖：樊知論，金檀令。 3.父：樊李景，漢陽、石棣縣令。 4.賜其子樊漢公同學究出身。			釋褐舒州軍事推官				1.開寶七年拜太子右贊善大夫。 2.太宗改西川轉運使，復詔掌西川漕運，後憂悸卒。
張觀	常州毗陵人	十國時，在江南登進士第。		忠武觀察判官	忠武掌書記				彭原主簿 ↓ 雞澤主簿	1.歸宋爲主簿。 2.太平興國初移興元府掾，復進士不第，調雞澤主簿。 3.召拜監察御史。後令出知道州，移廣南西路轉運使。
姚坦	曹州濟陰人	開寶中，以尚書擢第				隰州推官			調補江陵尉	1.將作監丞。 2.大中祥符初，復知光州。
索湘	滄州鹽山人	開寶六年進士					鄆州司理參軍			1.太平興國四年遷太僕寺丞，充度支巡官。 2.眞宗即位爲右諫議大夫。 3.咸平二部入戶部使，後因王扶交相請託，擅易板籍，責授將作少監。 4.咸平三年，復爲右諫議大夫，知廣州，次年卒。
鄭文寶		太平興國八年登進士第	1.父：鄭彥華，後唐時爲右千牛				知梓州錄事參軍		修武主簿	1.轉光祿寺丞。 2.大中祥符年改兵部員外郎。上除忠武

			衛大將軍。 2.子：景德三年因獻策，嘉其子鄭於陵由鄆州推官爲大理寺丞。						行軍司馬，文寶不就，以前官歸襄城別墅。 3.大中祥符六年卒。
王子輿	密州莒人	太平興國八年舉進士	曾祖父至父親在任軍職（指揮使），至其父後周世宗時期去兵即農。					釋褐北海主簿	1.改光祿寺丞。 2.咸平三年度支員外郎兼淮南轉使。 3.五年，奏事完畢，至第卒。
劉綜	河中虞鄉人	雍熙二年舉進士及第	1.弟：劉綽，淳化三年進士，官刑部郎中。 2.子：劉建中、劉正中並贊善大夫。	永康軍判官		解褐邛州軍事推官			1.遷大理評事，轉大僕寺丞。 2.大中祥符八年授左諫議大夫。同年，卒。
欒崇吉	開封封丘人	少爲吏部令史，上書言事，調補臨淄主簿。	子： a.欒源，虞部員外郎。 b.欒沂，殿中丞。	舒州團練判官				臨淄縣令	臨淄主簿	1.中書刑房堂後官，改太子右贊善大夫。 2.眞宗時遷司農少卿、知洪州，後遷衛尉少卿，已將作監致仕卒。
袁逢吉	開封鄢陵人	開寶八年擢三傳第。	1.曾祖：袁儀，至黃州刺使。 2.祖：袁光甫。 3.父：袁蟾，大理評事。 4.兄：袁及甫，至駕部郎中。 5.子： a.袁成務，至比部員外郎。 b.從子：袁楚才至虞部外郎。				豐成令	釋褐清江尉	1.端拱出遷國子博士、度支推官。 2.大中祥符中，權西京留守御史台，後拜鴻臚少卿。3.大中祥符七年，卒。
韓國華	相州安陽人	太平興國二年舉進士	1.賜其子韓琉出身。 2.子：	彰德軍節度判官					1.釋褐大理評事、通判瀘州。轉遷監察御史。 2.大中祥符初年遷右諫議大夫；代還，

			韓琚、韓璩、韓琦並進士及第。（爲宰相）							至建州，卒於傳舍。
何蒙	洪州人	南唐後主時，進士不第。因獻書言事，署錄事參軍。				洺州推官	錄事參軍	遂寧令（太平興國五年）		1.太宗作詩以獻，授右贊善大夫，三遷治水部員外郎。 2.眞宗大中祥符初，轉庫部；四年加太府少卿。 3.大中祥符六年，授光祿少卿致仕，命未下，卒。
愼知禮	衢州信安人	獻書署爲校書郎。	1.父：愼溫其。 2.子：愼從吉，官至光祿卿致仕。3.孫： a.愼鏞，金部度支員外郎、秘閣校理。 b.愼鍇：太常博士。		掌書記					1.宋初：營田副使，太平興國三年，授鴻臚卿。 2.至道三年，工部侍郎致仕。 3.咸平初，卒。
雷德驤	同州郃陽人	後周廣順三年爲進士。	子： a.雷有鄰，開寶進士中舉進士不第，後授秘書省正字。 b.雷有終爲三司鹽鐵副使。	釋褐磁州軍事判官（後周）						1.後周召爲右拾遺，充三司判官。 2.宋初，拜殿中侍御郎，改屯田員外郎。 3.淳化二年，因其女婿內亂，責授改德軍行軍司馬；次年卒。
雷有終	同州郃陽人	蔭補漢州司戶參軍	父：雷德驤錄其子： a.雷孝若爲內殿崇班、閤門抵候。 b.雷孝傑爲內殿崇班。 c.雷孝緒爲宮奉官。 d.雷孝恭維侍禁。				漢州司戶參軍		萊蕪尉	1.太宗召大理寺丞。 2.太平興國六年，遷殿中丞、知密州，徙淮南轉運副使，賜緋魚，改太常博士。 3.景德初年召拜宣徽北院使、檢校太保。 4.景德二年暴，卒贈侍中。

			e.雷孝先，舉進士，擢太常寺奉禮郎。							
雷簡夫	同州郃陽人	隱居不仕，康定中，樞密使杜衍薦之，召見。	1.祖：雷有鄰，開寶進士中舉進士不第。 2.父：雷孝先舉進士，累官至左領軍衛大將軍、昭州刺史，分司西京。	秦州觀察判官						1.以秘書校書郎簽判秦州觀察判官。 2.張方平薦爲知州。
呂端	幽州安次人	蔭補千牛備身	1.祖：呂兗，因節度劉守文之亂，舉族被害。 2.父：呂琦，後晉兵部侍郎。 3.追封妻李氏涇國夫人。 4.子： a.呂藩：太子中舍，轉至國子博士。 b.呂荀：大理評事。 c.呂蔚：千牛備身。轉奉禮郎，至太子中舍。 d.呂藹：殿中省進馬。	開封府判官			貶商州司戶參軍			1.後周歷太僕寺丞、秘書郎、直弘文館。 2.宋初：遷太常丞。 3.復爲太常丞判寺事，出知蔡州。 4.眞宗：太子太保，卒贈司空。
畢士安	代州雲中人	乾德四年舉進士	1.祖：畢球。 2.父：畢乂林。 3.錄其子： a.畢世長，至衛尉卿。 b.畢慶長爲大理	開封府判官（眞宗）	任楊廷璋幕府之掌書記（後周）	兗州節度推官（後周） ↓ 濟州團練推官（開寶四年）				1.太平興國初年爲大理寺丞，理三門發運使。 2.眞宗至崇政殿廬，疾暴作卒。卒贈太傅、中書令。

			寺丞。 4.孫： a.畢從古，至駕部郎中。 b.畢從善，光祿少卿。 c.畢從厚、畢從誨檢校水部員外郎。 d.畢從簡，檢柏令。 e.畢從道，殿中丞。 f.畢從範：山西道節度推官。 g.畢從益：太常寺太祝。 h.畢從周，朝散郎、知洋州。 ☆曾孫：畢仲達、畢仲偃仕至郡守。							
畢仲衍	代州雲中人	因其祖蔭補爲陽翟主簿；後舉進士。	畢士安曾孫					沈丘令	陽翟主簿	1.歐陽修、呂公著薦之爲司農丞。 2.帝自擢爲起居郎。未幾，暴得疾卒。
畢仲游	代州雲中人	與畢仲衍同登第	1.畢士安曾孫。 2.畢仲衍之兄弟。			開封府推官（元祐初）		羅山令	壽丘、拓城主簿	1.元祐初爲軍器衛尉丞，召學士院。 2.徽宗入吏部郎中，然亦墮黨籍，坎稟散秩而終。
寇準	華州下邽人	舉進士	1.父：後晉開運中辟爲魏王府記室參軍。 2.無子，從子寇隨爲嗣。				貶雷州司戶參軍（乾興元年）			1.授大理評事。 2.眞宗，遷尙書工部侍郎，任宰相。 3.天聖元年，徙衡州司馬，同年，就榻而卒。 4.歿後十一年，復太子太傅，贈中書令、萊國公。

李維	洺州肥鄉人	進士及第	1.李沆之胞弟。 2.子： a.李師錫，虞部員外郎。 b.李公謹，太子中舍。			保信軍節度推官				1.眞宗擢集賢院，沆歿入爲戶部員外郎。 2.仁宗遷刑部尙書，辭不拜，出知陳州卒。 3.景祐元年，贈尙書右僕射。
王欽若	臨江軍新喻人	擢進士甲科	1.父：王仲華。 2.子：王從益，終贊善大夫，追賜進士及第。後無子，以叔之子爲後。			亳州防禦推官				1.遷秘書省秘書郎，改太常丞、三司理欠憑由司。 2.仁宗即位改秘書監。 3.起爲太常卿，拜司空。後封冀國公。 4.卒贈太師、中書令。
林特	順昌人	因獻文，授蘭台校書郎。僞官皆入見，特袖文以進。太宗以爲長葛尉。	1.祖：揆，仕閩爲南劍州順昌令，因家順昌。 2.子： a.王灦，有吏事，歷官至三司鹽鐵副使，以秘書監致仕卒。 b.王洙，官至司農卿之壽州。				遂州錄事參軍		長葛尉（太宗）	1.授大理寺丞、通判隴州。 2.太宗以重進武人，選特與楊覃並爲通判。後會出兵五路討李繼遷，督所部轉芻粟，先期以辦。呂蒙正辟通判西京留守事。蒙正入相，薦之，入列三司戶部勾院。 3.眞宗天禧元年轉尙書右丞。 4.仁宗進刑部尙書、翰林供讀學士。卒贈尙書左僕射。
丁謂	蘇州長州人	淳化三年登進士第					貶崖州司戶參軍			1.爲大理評事、通判。 2.乾興元年封晉國公。 3.仁宗時，進司徒兼侍中。 4.明道中授秘書監致仕，居光州卒。
夏竦	江州德安人	因其父親所錄	父：夏丞浩，太平興國初上平晉冊，補右侍晉，與契丹力戰兒子，贈崇儀使。						錄潤州丹陽縣主簿	1.擢光祿寺丞，痛判台州。 2.仁宗時，封爲慶國公，遷尙書禮部員外郎、知制誥。 3.卒贈太師、中書令。
夏安期	江州德安人	以父認爲將作監主簿，召試，賜進士出身	父：夏竦	開封府判官		開封府推官				1.出西京轉運使。後遷又諫議大夫，進樞密直學士。 2.以龍圖閣直學士兼仕讀，提舉集禧觀，知延州，後暴疾卒。

陳堯佐	河朔人	進士及第	兄：陳堯叟，解褐光祿寺丞。			開封府推官	開封府錄事參軍		魏縣、中牟尉 ↓ 誣陷降朝邑本縣	1.召還直史館，知壽州。 2.以太子太師致仕，卒贈司空兼侍中，諡文惠。
陳漸	河朔人	淳化中與其父堯封皆以進士是廷中。	1.父：陳堯封。 2.陳堯佐之從子。			儀州軍事推官 ↓ 隴西防禦推官 ↓ 鳳州團練推官 ↓ 耀州節度推官			天水縣尉（咸平初）	
宋祁	安州安陸人	與其兄宋庠同舉進士。	宋庠之弟			釋褐復州軍事推官				1.孫奭薦改大理寺丞、國子監直講。 2.後遷吏部侍郎，拜翰林學士承旨卒。 3.卒贈尚書。
賈昌朝	眞定獲鹿人	天禧初，眞宗南郊，獻頌道佐，召試，賜同進士出身。	1.後晉史官賈緯之曾孫。 2.伯祖：賈玭，後晉中書舍人。 3.弟：賈昌衡，以正議大夫致仕。 4.子：賈章、賈青。						晉陵主簿	1.除國子監說書，在遷殿中丞。 2.太平興國累遷尙書禮部郎中、史館修撰。 3.嘉祐元年進封許國公，尋以同中書門下平章事爲樞密使。 4.治平元年，以左僕射、觀文殿大學士判尙書都省卒。
魯宗道	亳州譙人	舉進士。		歙縣軍事判官				海鹽令	亳州定遠尉	1.改秘書丞。 2.仁宗時拜右諫議大夫、參加政事。章獻太后時，卒贈兵部尙書。
薛奎	絳州正平人	舉進士，爲州第一。	1.父：薛化光，善數術。 2.無子，以從子從嗣。			隰州軍事推官 ↓ 儀州推官				1.改大理寺丞、知蒲田縣。 2.累遷禮部侍郎，卒。
王曙	河南人	中進士第	1.隋東皋子績之後。 2.子： a.王益恭，累遷司			定國軍節度推官				1.後遷太常丞。 2.拜同中書門下平章事，卒贈太保、中書令，諡文康。

			農少卿。 b.王益柔，蔭至殿中丞。						
蔡延慶	洛陽人	中進士第	蔡齊之從子		開封府推官				1.通判明州。 2.元祐入爲工部、吏部侍郎，卒其任所。
楊礪	京兆鄠人	建隆年舉進士甲科	1.曾祖：楊守信事。 2.父楊仁儼，累遷永和令。 3.子： a.楊峭至太子中舍。 b.楊繹至太常博士。 c.楊渭至祠部郎中。		釋褐鳳州團練推官 ↓ 隴州防禦推官 ↓ 開封府推官				1.入光祿寺丞。 2.咸平拜工部侍郎、樞密副使。 3.咸平二年，卒兵部尚書。
王嗣宗	汾州人	開寶八年，登進士甲第。	1.曾祖：王同節，寶鼎令。 2.祖：王待價，汾州防禦推官。 3.父：成州軍事判官。 4.錄子二人、甥二人。			秦州司寇參軍			1.太宗：授大理寺丞、通判睦州。 2.眞宗，以左屯衛上將軍、檢校太尉致仕。 3.卒贈侍中，謚約景莊。
趙孚	河南洛陽人	後周顯德進士	趙安仁之父			知開封府錄事參軍（宋太宗）	浦江令、永寧令（後周）	補開封尉（後周）	太宗改殿中侍御史。
陳彭年	撫州南城人	大中祥符年舉進士	1.父：陳省躬，鹿邑令。 2.錄其子：陳佺期，大理寺丞。 3.孫：陳彥先，太常寺奉禮郎。		豊州推官懷州推官	江陵府司理參軍		江陵主簿	1.改衛尉寺丞，遷秘書郎。 2.大中祥符九年拜刑部侍郎、參加政事，判禮部儀院，充會靈貫使。 3.天禧元年，進兵部侍郎；二年卒，卒贈右僕射。

任中正	曹州濟陰人	進士及第	1.任載，右拾遺。			池州推官				1.歷大理評事，改太府寺丞，擢監察御史。 2.仁宗時，遷工部侍郎、樞密副使，卒。
周起	淄州鄒平人	舉進士	1.父：周意，知橫州。 2.弟：周超，累官主客郎中。 3.子： a.周延荷，官殿中丞。 b.周延雋，官太常少卿。	東京留守判官						1.擢爲著作郎、直史館，累遷戶部、度支判官。 2.仁宗，爲禮部侍郎，卒贈禮部尚書。
程琳	永寧軍博野人	舉服勤辭學科				補泰寧軍節度推官				1.改秘書省著作郎、知壽陽縣。 2.拜同書門下平章事、判大明府，卒。
姜遵	淄州長山人	進士及第		開封府右軍巡判官 ↓ 開封府判官			登州司理參軍		蓬萊尉	1.遷太常博士，王曾薦監察御史。 2.仁宗時遷右諫議大大夫。 3.卒贈吏部侍郎。
范雍	太原人	1.曾祖：范仁恕。 2.祖：范從龜。 3.子：范宗傑。 4.曾孫：范子奇。							洛陽縣主簿	1.累官殿中丞、知端州，遷太常博士。 2.贈太子太師，諡忠獻。
范子奇	太原人	祖：范雍		簽書并州判官						1.入：判將作監。 2.元祐爲將作監、司農卿，入爲吏部侍郎卒。
范坦	太原人	賜進士第，權起居舍人。	范雍之曾孫			開封府推官				1.改左司員外郎。 2.徽宗：召爲戶部侍郎，後貶黃州團練副使。
趙稹	單父人	擢進士第		平定軍判官 ↓		臺州推官 ↓				1.遷尚書兵部員外郎、益州路轉運使。 2.天聖八年，擢樞密副使，遷吏部侍

				開封府判官		汾陰留守推官				郎，拜太子少傅致仕。 3.卒贈太子少保、諡禧質。
任布	河南人	進士及第	1.後唐宰相任圜四世孫。 2.子： a.任遜。 b.任達，歷官司封郎中。	補安肅軍判官						1.上書眞宗特改大理寺丞、知安陽縣。 2.後授太子少保致仕，進少傅。 3.卒贈太子少傅，諡惠。
高若訥	并州榆次人	進士及第				補彰德軍節度推官				1.改秘書著作郎，在遷太常博士、知商河縣 2.皇祐五年，罷爲觀文殿學士兼翰林仕讀學士、尙書左丞。 3.卒贈右僕射，諡文莊。
孫沔	越州會稽人	中進士第					補越州司理參軍			1.後以秘書丞爲監察御史。 2.英宗，遷戶部，後以爲觀文殿學士、知慶州，徙延州，到卒。
宋綬	趙公平棘人	賜同進士出身	1.外祖：宋徽之。 2.父：趙臯。 3.子：宋敏求；從子：宋昌言。	簽書亳州判官						1.入爲左正言、同判太常禮院。 2.元昊反，獻冊復召知樞密院，遷兵部尙書、參知政事。
宋敏求	趙公平棘人	賜進士及第。	1.父：宋綬。 2.族弟：宋昌言，蔭爲澤州司理參軍，後轉少府監。	出簽書集慶軍判官						1.後除史館修撰、集賢院學士。 2.元豐二年卒，贈禮部侍郎。
李若谷	徐州豐人	舉進士	1.姻家趙況。 2.子：李淑，眞宗時，賜童子出身，卒贈尙書右丞。 3.孫：李壽朋、李復圭。						補長社縣尉	1.改大理寺丞，知宜興縣。 2.仁宗，累上章辭位，罷資政殿大學士、吏部侍郎、提舉會靈觀事，以太子少傅致仕卒。 3.卒贈太子少傅，諡康靖。
李壽朋	徐州豐人	慶曆初，賜進士出身	1.曾祖：李若谷。 2.父：李淑。			開封府推官				進戶部、鹽鐵副使，奉祠西太一宮，暴得疾卒。

			3.弟：李復圭，官制鹽鐵副使、以集賢殿修撰知荊南卒。							
王博文	曹州濟陰人	舉進士	蔭補將入監主簿，官至樞密副使，卒贈兵部尚書，曾任開封府推官。	開封府判官（天禧中）		南劍州軍事推官			安豐主簿 ↓ 南豐尉	1.改大理寺丞，遷殿中丞。 2.後遷給事中，召權三司使，遂同知樞密院事而卒。
李諮	新喻人	眞宗時舉進士	1.唐趙國公李峭之後。 2.無子，以族子爲子。	開封府判官						1.除大理評事、通判，召爲中書，太子中允，直集賢殿。 2.仁宗，拜右諫議大夫。 3.後遷戶部侍郎、知院事。 4.卒贈右僕射，諡憲成。
程戡	許州陽翟人	舉進士甲科				涇州觀察推官				1.遷秘書丞，召拜參知政事。 2.曹利用貶，戡以利用降通判蘄州。徙虔州。 3.英宗：以安武軍節度使，候補選藩官，卒贈太尉。
夏侯峭	幽州人	弱冠，以辭賦稱，周相李穀置門下。太平興國初，舉進士甲科。	1.高祖：夏秀，濟州鉅野鎮遊奕使。 2.父：夏浦，以明經至棣州錄事參軍。 3.錄其子夏晟爲太子中舍。 4.孫：夏恭爲奉禮郎。 5.錄姪孫：夏蔚，賜同學究出身。				安州錄事參軍（後周）	伊陽令		1.解褐大理評事，累遷右贊善大夫，後擢樞密院副使。 2.景德元年，卒贈兵部尚書，並賜白金三百兩以葬。
盛度	杭州餘杭縣	舉進士第	1.曾祖：盛瑫，仕錢氏爲餘杭縣令。 2.父：盛豫，終尙	開封府判官					補蔭濟尉 ↓ 封丘主簿	1.改秘書省秘書郎，累遷上書屯田外郎。 2.景祐二年，拜參知政事，後遷知樞密院事。

			書度支郎中。 3.從兄：盛京，尚書工部仕郎致仕。 4.子：盛申甫，終尚書兵部郎中、集賢校理。						3.以太子少傅致恃，贈太子少保，謚文肅。
鄭戩	蘇州吳縣人	舉進士，擢甲科			簽書寧國節度判官事				1.授太常寺奉禮郎，召試學士院，爲光祿寺丞。 2.後遷吏部恃郎，改宣徽北院使，拜鳳國軍節度使。 3.卒贈太尉，謚文肅。
明鎬	密州安丘人	中進士第		秦州節度判官	益州簽書節度判官	補蘄州防禦推官 ↓ 開封府推官	益州知錄事參軍		1.獻書，進尚書祠部員外郎，爲三司戶部判官。 2.拜參知政事，卒謚文烈。
孫抃	眉州眉山	中進士甲科				開封府推官			1.以大理評事通判絳州，召翰林學士。 2.英宗時進戶部恃郎，以太子少傅就第。
田況	冀州信都人	進士甲科	父：田延昭，累官至太子率府率。			江陵府推官			1.遷秘書省著作郎，改大常丞、通判江寧府。 2.至和元年，擢樞密使；以疾，以太子少傅致仕。 3.卒贈太子少保，謚宣簡。
王禹偁	濟州鉅野人	太平國八年擢進士	1.賜一子出身。 a.王嘉祐爲館職。 b.王嘉言，擢大理評事置殿中侍御史。 2.曾孫：王汾，仕至工部恃郎。			開封府推官		成武主簿	1.改大理評事，擢右拾遺、直史館。 2.眞宗即位，遷序刑部。
掌禹錫	許州郾城人	中進士第					道州司理參軍		1.試身言書判第一，改大理寺丞，累遷尚書屯田員外郎。 2.英宗自秘書監遷太子賓客；尚書工部恃郎致仕卒。
蘇紳	泉州晉江人	進士及第	子：蘇頌			宜、復、安三			1.遷太常博士，舉賢良方正科，擢尚書

						州推官 ↓ 開封府推官				祠部員外郎。 2.以吏部郎中侍讀學士、知河陽，徙河中，因病卒。
王洙	應天宋城人	出舉進士，後中甲科	1.兄子：王堯臣。 2.子：王欽臣用蔭入官，元祐初爲工部員外郎，徽宗卒待制、知成德軍。						舒城縣尉 ↓ 富川主簿	1.召國子監說書，改直講。 2.後改侍讀學士兼侍講學士。
聶冠卿	歙州新安人	舉進士	五世祖：聶師道，鴻臚卿。	開封府判官		連州軍事推官				1.召試學士院，校讎館閣書籍，遷大理寺丞。 2.累遷尚書工部郎中，特遷刑部郎中、集賢殿。 3.母亡，復判昭文館兼侍侍讀學士。
馮元	廣南人	進士中第	1.高祖：馮禧，唐末官廣州，以術數仕劉氏。 2.三世祖至父馮邴，廣南平，入朝爲保章正。 3.無子，以兄之子馮謔爲後。						江陰尉	1.遷大理評事，擢崇文院檢討兼國子監直講。 2.明道元年，召爲翰林侍講學士，遷禮部侍郎，後遷戶部侍郎。 3.卒贈本部尚書，謚章靖。
趙師民	青州臨淄人	舉進士第	子：趙彥若，試中書舍人。			齊州推官 ↓ 天平軍節度推官			領諸城主簿	1.改著作佐郎，遷宗正寺。 2.後遷刑部郎中，復領宗正，卒。
張揆	范陽人								北海縣尉	1.改大理寺丞，以疾解官，十年不出戶。 2.仁宗累遷右諫議大夫，後加翰林仕讀學士、知審刑院，出知知州。 3.卒贈尚書禮部侍郎。
楊安國	密州安丘人	五經及第	父：楊光輔，薦爲太學助教，以國子監丞老于家。						枝江縣尉	1.後遷大理寺，入爲國子監直講。 2.景祐初，爲天章閣侍制、龍圖閣直學士，皆兼侍講。 3.歷判尚書刑部、太常寺，糾察在京刑獄，累遷給事中。 4.年七十餘，卒，贈尚書禮部侍郎。

尹洙	河南人	舉進士	1.兄：尹源俱以儒學知名。 2.子：尹構。		山南東道節度掌書記	安國軍節度推官	河南府戶曹參軍		正平縣主簿	1.遷太子中允，被認爲范仲淹之黨羽被貶，復爲掌書記、兼唐州酒稅。 2.仁宗時，坐貶重信軍節度副使。監均州酒稅，後因病卒。 3.嘉祐中，宰相韓琦爲言，乃追復故官。
孫甫	許州陽翟人	初舉進士，得同學究出身。再舉進士及第。				華州推官			蔡州汝陽縣主簿	1.轉運使李紘薦其材，遷大理寺丞、知絳州翼城縣。 2.累遷刑部郎中、天章閣待制、河北都轉運使。 3.卒贈右諫議大夫。
葉清臣	蘇州長洲人	天聖二年舉進士第	1.父：葉參，終光祿丞。 2.妻：郭元稱之女。 3.子：葉均，爲集賢殿校理。		簽書蘇州觀察判官事					1.授太常寺奉禮郎，還大理寺丞。 2.仁宗時，罷仕讀學士、知河陽，卒贈左諫議大夫。
楊察	合肥人	景祐元年舉進士第	1.祖：楊鈞。 2.父：楊居簡，仕眞宗至尙書都官員外郎。 3.弟：楊寘，任通判。 4.無子，兄子楊庶爲嗣。			入爲開封府推官				1.除將作監丞、通判宿州。 2.累官戶部侍郎兼三學士，提舉集禧觀；踰年，以本官充三司使，病卒。 3.卒贈禮部尙書，謚宣懿。
師頏	大名內黃人	建隆二年舉進士	1.父：師均，後唐長興二年進士，終永興軍節度判官。 2.子三人： a.師仲回，端拱年進士及第，至太常博士。 b.師仲宰，國子博士。			釋褐耀州軍事推官 ↓ 解州推官				1.太平興國初遷大理寺丞、陝西河北轉運判官；秩滿，遷監察御史。 2.咸平三年，召入翰林學士，五年，典貢院、又知審官院、通進銀臺封駁司。

			c.師仲說，殿中丞。							
張茂直	兗州瑕丘人	開寶二年登進士第	1.父：張延昇，以經術教授鄉里。 2.子：張成務，官至比部員外郎。			解褐海州推官				1.進司農寺丞、通判泰州。 2.端拱元年，改度支員外郎，三遷本曹郎中。 3.晚年，改秘書少監，出知潁州；咸平四年卒。
梁顥	鄆州須城人	初舉進士，不中第。雍熙二年，復舉進士。	1.曾祖：梁涓，成武主簿。 2.祖：梁惟忠，至天平軍判官。 3.父：梁文度。 4.子： a.梁固，歷戶部判官、判戶部勾院。 b.梁述、梁適相仁宗。			解褐大名府觀察推官(太宗) ↓ 開封府推官	貶虢州司戶參軍			1.會翟馬周事，顥坐貶虢州司戶參軍。起知魚臺縣，就加大理評事。召還，遷殿中丞。 2.召右拾遺、直史館。 3.真宗拜右諫議大夫，充戶部使。會罷三部使。 4.景德元年，權知開封府。同年六月，暴病卒。
楊徽之	建州浦城人	後周顯德中，舉進士，重甲科。	1.祖：楊郜，仕閩爲義軍校。 2.父：楊澄，終浦城令。 3.錄其外孫：宋綬太常寺太祝。 4.姪孫：楊偃、楊集並同學究出身。	充開封府判官			天興令			1.解褐校書郎、右拾遺。 2.宋太祖乾德初，爲天興令。 3.端拱初，拜左諫議大夫，出知許州。 4.真宗時，卒贈兵部尚書。
楊澈	建陽人	建隆出年舉進士	1.楊徽之宗人也。 2.父：楊思進，後晉年間累佐使府，後周則爲昭慶令。 3.子：楊巒，淳化進士，官至職方員外郎。	充留守判官			清州司戶參軍		補河內主簿	1.改著作郎，知渠州。 2.咸平初，爲雍王府記室參軍，加度支郎中。 3.景德初遷兵部尚書，充留守判官，未幾，卒爲祠部郎中。

呂文仲	歙州新安人	在江左舉進士	1.父：呂唐，南唐爲歙州錄事參軍。 2.錄其子呂永爲奉禮郎。						補臨川尉	1.宋初，授太常寺太祝，遷少府監丞。 2.景德三年遷工部侍郎，復爲翰林侍讀學士。 3.景德四年改刑部侍郎，充集賢殿學士，未幾卒。
王著	京兆渭南人	僞蜀明經及第	1.祖：王賁，仕王建，爲雅州刺使。 2.父：王景懷，萬州別駕。 3.錄其子：王嗣復爲奉禮郎。						平泉、百丈、主康主簿（後蜀） ↓ 隆平主簿（蜀平）	1.太平興國三年改衛寺丞、史館祇候。 2.雍熙二年遷左拾遺，後加殿中侍御史。 3.端拱三年卒，特加賵賜。
呂祐之	濟州鉅野人	太平興國初，舉進士	1.父：呂文贇，濟州錄事參軍。	出爲泰寧軍節度判官						1.解褐大理評事、通判洋州，改右贊善大夫，後遷起居舍人。 2.眞宗時拜工部侍郎、翰林侍讀學士，後以疾近職；並遷刑部侍郎。 3.景德四年卒。
杜鎬	常州無錫人	舉明經	1.父：杜昌業，南唐虞部員外郎。 2.錄其子：杜渥爲大理寺丞。 3.錄其三孫官。						千勝縣主簿（江南平）	1.釋褐集賢校理（南唐）。 2.太宗即位，江左舊儒多薦其能，改國子監丞、崇文院檢討。 3.大中祥符中三年，遷工部侍郎；後進秩禮部侍郎。 4.大中祥符六年，冬卒。
查道	歙州休寧人	端拱初舉進士高第	1.祖：查文徽，仕南唐至工部尚書。 2.父：查元方，太祖初年，拜殿中侍御史，知泉州卒。 3.兄：查陶，明法登科，補常州錄事參軍，累遷兵部。 4.子：查循之。			興州觀察推官			解褐館陶尉	1.寇準薦其材，授爲著作郎。 2.大中祥符元年，歸直史館，遷刑部員外郎。 3.天禧元年，表求外任，得知虢州。 4.天禧二年五月卒。

查陶	歙州休寧人	初事李煜，以明法登科，補常州錄事參軍。歸朝，詔大理評事	查道之從兄				補常州錄事參軍			1.除本寺丞，遷大理正，歷侍御史、權判大理寺，賜緋。 2.斷官仲禹錫訟陶用法非當，陶抗辯得雪。遷工部郎中。 3.咸平五年，朱博爲大理，議趙文海罪不當，宰相請以陶代。 4.景德三年，卒，年七十。子拱之，淳化三年進士，後爲都官郎中；慶之，太子中舍。
孔道輔	魯國人	舉進士及第	1.孔子四十五代孫。 2.父：孔勖，進士及第，爲太平州推官。 3.子：孔宗翰，官至寶文閣待知徐州。			寧州軍事推官				
劉隨	開封考城人	進士及第		永康軍判官						1.改大理寺丞。 2.後改三司鹽鐵副使，使契丹，以足疾痺，辭不能拜。 3.後遷工部侍郎，召爲戶部副使，改天章閣待制，不旬日卒。
曹修古	建州建安人	進士起家	無子，以兄子曹覬爲後，累官尚書都官員外郎。	復爲開封府判官						1.累遷秘書丞、同判饒州。 2.眞宗時，因建言出知歙州。 3.太后以工部員外郎、同判杭州，會赦復官，卒。
郭勸	鄆州須城人	舉進士第	子：郭源明，治平中，爲太常博士。後以職方員外郎之單州卒。			寧化軍判官				1.累遷太常博士、通判密州。 2.仁宗時召爲翰林侍讀學士，後改左諫議大夫、權御史中丞。遷給中事。
段少連	開封人	舉服勤詞學。		權杭州觀察判官 ↓ 開封府判官						1.爲試秘書校郎，後改秘書省著作郎佐，遷太常博士。 2.改尙書刑部員外郎，爲三司度支判官。 3.仁宗遷龍圖閣直學士，知瀛州，改渭週，命未至而卒。既卒，仁宗嘆惜之。

彭乘	益州華陽人	有子一人	漢陽軍判官		鳳州團練推官 ↓ 天平軍節度推官					1.遷本省丞、集賢校理。 2.累遷工部郎中，入翰林爲學士，領吏部流內銓、三班院，爲群牧使。 3.仁宗時，因病卒。
嵇穎	應天宋城人	天聖中進士及第	1.父：嵇適，石首主簿。 2.弟：嵇化基		蔡州團練判官	開封府判官				1.遷太子中允，爲集賢校理。 2.累遷兵部尙書員外郎，召翰林學士，未及謝，卒。
梅摯	成都新繁人	進士及第		開封府判官		徙開封府推官				1.起家大理評事、知藍田上元縣。 2.慶曆中，擢殿中侍御史。 3.改度支判官，進侍御史。 4.累遷右贊議大夫，徙江寧府、又徙河中，卒。
司馬池	安邑夏縣人	舉進士	子： a.司馬旦 b.司馬光	鄭州防禦判官		開封府推官			永寧主簿 ↓ 建德、郫縣尉	1.改秘書省著作郎佐、兼安豐酒稅。 2.仁宗時，累遷尙書兵部員外郎，遂兼侍御史知雜事。 3.後擢天章閣侍制、知河中府。後徙知晉州卒。
司馬旦	安邑夏縣人	以父任爲秘書省校書郎	1.父：司馬池。 2.弟：司馬光。 3.子三人： a.司馬良，試將作監主簿。 b.司馬富永，承議郎、陜州通判。 c.司馬宏，陳留令。						鄭縣主簿	1.以父任初任秘書省校書郎。 2.熙寧八年致仕，歷官十七千，至太中大夫。 3.元祐二年，卒。
司馬里	安邑夏縣人	進士及第	司馬池之從子	釋褐威勝軍判官						改大理寺丞，官至太常少卿而卒。
李及	其先范陽人，後徙鄭州	舉進士第	1.父：李覃，左拾遺。 2.無子，以弟子之子爲後。			昇州觀察推官				1.寇準薦其才，擢爲大理寺丞、知縣化軍。 2.在遷尙書工部侍郎；召拜御史中丞卒；卒贈禮部尙書
燕肅	青州益都人	少孤貧，游學，舉進士	1.父：燕峻，慷慨任俠。			補鳳翔府觀察推官				1.寇準薦改秘書省著作佐郎、知臨邛縣。

			2.子：燕度，官至右諫議大夫知潭州。 3.孫：燕瑛，蔭爲暇丘尉；徽宗，官至戶部尚書，後爲金兵亂所害。							2.官至禮部侍郎致仕，卒。
蔣堂	常州宜興人	擢進士第				楚州團練推官				1.滿秩，特受大理寺丞、知臨川縣。 2.慶曆年間，以尙書禮部侍郎致仕卒，贈吏部侍郎。
劉夔	建州崇安人	進士中第	無子	廣得軍判官						1.累遷尙書屯田員外郎，權侍御史。 2.以戶部侍郎致仕。 3.英宗時，遷吏部，卒。
陳希亮	京兆人	天聖八年與其兄子庸、諭俱爲進士及第	1.兄子：陳庸、陳諭。 2.子四人： a.陳忱，度支郎中。 b.陳恪，滑州推官。 c.陳恂，大理寺丞。 d.陳慥。	入爲開封府判官（嘉祐二年）						1.初爲大理評事、知長沙縣。 2.仁宗時期被貶官。 3.嘉祐年間後改判三思戶部勾院。 4.英宗即位，遷太常少卿。 5.是分司西京，未幾致仕卒。
狄棐	潭州長沙人	舉進士甲科	子：狄遵度，以父任爲襄縣主簿，居數月棄去。	擢開封府判官						1.以大理評事知分宜縣。 2.累遷太常少卿、知廣州，後知揚州，未行，卒。
郎簡	杭州臨安人	進士及第				隨州推官			福清令	1.補試秘書省校書郎、知寧國縣。 2.改秘書省著作郎佐、知分宜縣。 3.以工部侍郎致仕。4.卒贈吏部侍郎。
孫祖德	濰州北海人	進士及第	1.父孫航，監察御史、淮南轉運。 2.子：孫珪，江東轉運使。			濠州推官				1.改大理寺丞、知榆次縣。 2.章獻太后，累遷右諫議大夫、知河中府。 3.除吏部侍郎致仕卒。

張若谷	南劍沙縣人	進士及第				巴州軍事推官 ↓ 全州軍事推官				1.眞宗時特改大理寺丞、知濛陽縣，累遷右諫議大夫。 2.累官至尚書左丞致仕。
石揚休	江都人	進士高第	1.唐兵部郎中石仲覽之後，後徙京兆。 2.七世祖：石藏用，右羽林大將軍，依親爲眉州人。			同州觀察推官 ↓ 開封府推官				1.遷著作郎、知中牟縣。 2.累遷尚書祠部員外郎。 3.後遷工部郎中，未及謝，卒。
李垂	聊城人	咸平中，登進士第	有子五人，其中李仲昌最知名。				湖州錄事參軍			1.因上書召爲崇文館校刊，累遷著作郎、館閣校理。 2.明道中，出知均州，卒。
張洞	開封祥符人	舉進士及第	父：張惟簡，太常少卿。	漣水軍判官		權開封府推官				1.改大理寺丞、知鞏縣。 2.英宗即位，轉度支員外郎；後轉工部郎中，未幾卒。
李仕衡	秦州成紀人	進士及第	1.父：李益，以不法誅，仕衡亦坐除名。 2.子：李丕緒，累遷司農少卿致仕，卒。						鄠縣主簿	1.後加大理評事，遷光祿寺丞。 2.寇準寇準薦其材，復爲通判汾州，遷秘書丞。 3.仁宗即位，拜尚書左丞；歲餘，改左衛大將軍，卒。 4.詔追復同州觀察使。
胡則	婺州永康人	以進士起家		簽書貝川觀察判官事			憲州錄事參軍		補許田縣尉	1.奏改秘書省著作佐郎，後以太常博士提舉兩浙榷茶。 2.乾興初，千兵部侍郎致仕，卒。
薛顏	河中萬泉人	舉三禮中第	孫：薛向				嘉州司戶參軍			1.太宗時改將作監丞，後改太子左贊善大夫。 2.仁宗時，遷給事中；後以光祿卿分司西京，卒于家。
鍾離瑾	廬州合肥人	舉進士				簡州推官 ↓ 開封府推官				1.以殿中丞通判益州。 2.累遷尚書刑部郎中，爲三司戶部副使，除龍圖閣待制、權知開封府。後疾卒。

孫沖	趙州平棘人	舉明經，後舉進士登甲科							古田青陽尉 ↓ 鹽山麗水主簿	登甲科。授將作監丞，歷通判晉、絳、保州，坐與保州守爭事，降監吉州酒，累遷太常博士。
田瑜	河南壽陽人	舉進士				歷經袁、郢、合三州軍事推官				1.遷大理寺丞。 2.累遷尚書封司員外郎。 3.徙知潭州，背疾復發卒。
施昌言	通州靜海人	舉進士高第		開封府判官						1.授將作監丞、通判滁州，遷尚書屯田員外郎。 2.因老求罷，乃以知越州，至京師卒。
楊偕	坊州中部人	舉進士	1.唐左僕射楊於陵六世孫。 2.父：楊守慶，仕廣南劉氏，歸朝爲坊州司馬 3.子：忱、慥皆有儁才，早卒。	漢州軍事判官 ↓ 永興軍節度判官		釋褐坊州軍事推官				1.遷秘書省著作佐郎，在遷太常博士。 2.在尚書工部郎中致仕。 3.卒贈兵部尚書。
王沿	中名館陶人	中進士第	子：王鼎，以進士及第，曾任開封府判官，累遷太常博士。			相州觀察推官 ↓ 開封府推官				1.擢著作佐郎，入爲審刑院詳議官，在遷太常博士。 2.坐葛懷敏敗，復爲龍圖閣直學士、刑部郎中；尋降天章閣待制，後徙成德軍，徙河中府卒。
楊畋	新秦人	進士及第	保靜軍節度使楊重勛之曾孫。				并州錄事參軍			1.授秘書省校書郎，遷大理寺丞。 2.嘉祐三年，進龍圖閣直學士，復知諫院。 3.卒贈右諫議大夫。
周湛	鄧州穰人	進士甲科				開封府推官				1.中言身書判，改秘書省著作佐郎、通判戎州。 2.累遷尚書都官員外郎。 3.拜右諫議大夫，徙知相州，未幾卒。
徐的	建州建安人	擢進士第				補欽州軍事推官				1.遷大理寺丞、知吳縣，累遷尚書屯田員外郎。 2.除度支副使、荊湖南路安撫使，卒於桂陽。

姚仲孫	陳州商水人	擢進士第	1.曾祖：姚仁嗣，陳州商水令。 2.父：姚曄，舉進士第一，官至著作佐郎。			邢州推官	許州司理參軍			1.改大理寺丞、知建昌縣。 2.累遷尚書屯田員外郎。 3.仁宗，權知三司使事，出知蔡州，因母憂喪一目，卒。
李虛己	建安人	中進士第	1.五世祖李，盈自光州從王潮徙閩，遂家建安。 2.父：李寅，起衢州司理參軍，仕將南李氏至諸司使。 3.弟：李虛舟仕至餘干縣令。 4.姪子： a.李寬，爲尚書金部郎中。 b.李定，爲司農寺少卿。						沈丘縣尉	1.改大理評事，累遷殿中丞。 2.後遷尚書工部仕郎，徙池州。求分司南京，卒。
俞獻卿	歙人	舉進士及第	兄：俞獻可，有吏稱，吏部郎中、龍圖閣待制。			昭州軍事推官			安豐縣尉	1.改大理寺丞，在遷太常博士。 2.歷知慎、仁和二縣，再遷太常博士、知南雄州，徙潮州。 3.天禧年間，以刑部仕郎致仕，卒。
陳從易	泉州晉江人	進士及第				嵐州團練推官 ↓ 彭州軍事推官				1.平亂，召爲秘書省著作佐郎、大寺詳斷官。 2.景德初，遷左諫議大夫，以年老辭，進龍圖閣直學士、知杭州，卒。
楊大雅	宋州人	進士及第	1.唐靖恭諸楊虞卿之後。 2.虞卿孫楊承修，以尚書刑部員外郎爲吳越國策禮副使。 3.大雅楊承修四世孫。						新息、鄢陵縣主簿	1.改光祿寺丞，在遷秘書丞。 2.眞宗時，拜右諫議大夫、集賢殿學士、知亳州，卒。

馬元方	濮州甄城人	淳化三年進士及第	父：馬應圖，嘗知頓丘縣。						韋城縣主簿	1.改大理評事。 2.眞宗時，官至兵部仕郎，卒。
薛田	河中河東人	進士				丹州推官				1.向敏中，薦其材，改著作郎佐。 2.累遷左司郎中。 3.後遷右諫議大夫，以疾徙同州，又徙永興軍，辭不行，卒。
寇瑊	汝州臨汝人	擢進士		開封府判官		蓬州軍事推官 ↓ 開封府推官				1.除大理寺丞，遷殿中丞。 2.仁宗即位，遷給事中，復古諫議大夫。 3.天聖末年，使契丹，未行而卒。
李行簡	同州馮翊人	進士及第				彭州軍事推官	隴州司理參軍			1.改秘書省著作郎，再遷侍御史。 2.拜右諫議大夫、集賢院學士。 3.乾興初，改給事中，徙虢州，卒。
陳琰	潭州臨河人	進士及第							溧陽、欒城縣主簿	1.遷大理寺丞，再遷太常博士。 2.遷大理寺丞、監眞定府稅，知金堂、夏津二縣。再遷太常博士，後御史知雜韓億聞其事，奏爲監察御史。 3.丁父喪，憂除遷殿中侍御史。 4.仁宗時，遷至尙書工部郎中，卒。
李宥	青人	舉進士	1.祖：李成，五代末以詩酒遊公卿間。 2.父：李覺。	火山軍判官						1.遷館集賢殿校理。 2.後因兵亂降秘書監丞，後改太子賓客，判留司御史台卒。
張擇行	青州益都人	進士起家				宜州觀察推官			北海、臨朐主簿	1.自宜州觀察推官爲大理寺丞大理寺丞。 2.後除戶部郎中、集賢殿修撰，提舉兗州仙源縣景靈宮，踰年而卒。
郭稹	開封祥符人	舉進士甲科		大名簽書府判官事					河南縣主簿	1.爲河南縣主簿。除國子監直講，後改大理寺丞。 2.馮元知河陽，辟爲通判，徙通判河南府。入爲三司度支、戶部判官，累遷尙書刑部員外郎，同修起居注。 3.康定元年，因風眩疾。

趙賀	開封封丘人	舉毛詩及第	子：賀宗道，終集賢校理。						臨朐縣主簿	1.淳化中，改大理評事。 2.眞宗時，累遷尙書工部郎中。 3.坐失舉，降濠州，遷給事中，復判宗正寺，知鄧、蔡、壽三州，卒。
高觳	宿州人	進士起家							嘉興縣主簿	1.孫奭薦，改秘書省著作佐郎。 2.遷兵部郎中。後遷右諫議大夫，進給事中，知單州卒。
袁抗	洪州南昌人	舉進士第，得同學就出身				衡州推官	桂州司法參軍		陽朔縣主簿	1.改大理寺丞，遷國子博士。 2.累遷光祿少卿，分司南京，改少府監，卒。
張旨	懷州河內人	上書轉運使鍾離瑾，補縣尉。	父：張延嘉，不願仕，賜號嵩山處士。				保定軍司法參軍		安平尉	1.擢試秘書省校書郎，遷著作佐郎。 2.元昊反，因守衛有功，光遷都官員外郎，徙知萊州。 3.累遷光祿卿，知滁、晉二州，以老疾，權判西京御史台，尋卒。
齊廓	越州會稽人	舉進士第	弟：齊唐，吉州司理參軍。	開封府判官		梧州推官				累遷太常博士，後以疾分司南京，改秘書監，卒。
鄭驤	河南人	登進士第				慶、汝、鄭、秦州推官				1.改秘書省著作郎。 2.慶曆中，累遷尙書工部郎中，以疾知華州，卒。
李京	趙州人	進士中第		平定軍判官		冀州推官				1.改大理寺丞、知魏縣。 2.仁宗，授右正言、直集賢殿、同管勾國子監，加史館修撰。 3.謫太常博士，未幾，卒官。
呂景初	開封酸棗人	以父蔭爲校書郎，後舉進士。		簽書河南府判官		汝州推官				1.改著作佐郎、知夏陽縣。 2.嘉祐間，遷吏部員外郎，擢天章閣待制、知諫院，以病，未入謝而卒。
吳及	通州靜海人	以進士起家	錄其弟：吳齊爲太廟齋郎。						候官尉	1.辟大理寺檢法官，累遷太常博士。 2.出爲工部員外郎、知廬州，進戶部、直昭文館、知桂州，卒。
范師道	蘇州長洲人	進士及第		撫州判官						1.通判許州，累遷都員員外郎。 2.仁宗晚年，遷戶部，直龍圖閣、知明州，卒。

何中立	許州長社人	進士及第		簽書鎮安、武剩兩鎮節度判官						1.授大理評事，後遷刑部郎中，進樞密直學士、知許州，改陳州。 2.徙杭州，暴中風卒。
張昷之	孟縣人	進士及第	父：張秘。			潤州觀察推官			樂清尉	1.蔡齊薦其材，擢提點淮南路刑獄。 2.以光祿卿致仕，卒。
滕宗亮	河南人	舉范仲淹同中進士				秦州軍事推官				1.改大理寺丞，遷殿中丞。 2.仁宗，除左正言；稍遷蘇州，卒。
李防	大名內黃人	舉進士				莫州軍事推官 ↓ 開封府推官				1.改秘書省著作佐郎，後遷秘書丞。 2.景德年，累遷兵部郎中、糾察刑獄，擢右諫議大夫。 3.進給事中，復知延州，更耀、滁州，卒。
趙湘	華州人	進士甲科				彰武、永興、昭武三軍節度推官 ↓ 東京留守推官				1.遷秘書省著作郎。 2.遷太常少卿、知襄州；以疾徙虢州，卒。
唐肅	杭州錢塘人	舉進士	子：唐詢，以父任爲將作監主簿，累遷右諫議大夫，卒贈禮部仕郎。			觀察推官	泰州司理參軍		鄖縣主簿	1.遷秘書省著作郎中。 2.眞宗時，遷刑部，爲龍圖閣待制、登聞檢院，知審行院，卒。
張述	遂州小溪人	舉進士							咸陽縣主簿	1.調咸陽縣主簿，改大理寺丞，遷太常博士。 2.仁宗時，以尚書職方員外郎爲江、浙、荊湖、福建、廣南路提點坑冶鐵事，行至萬州，病卒。
陳貫	其先相州安陽人，後葬其父河陽，因家焉	舉進士第	子：陳安石，以蔭鎖廳及第，官至戶部侍郎。						臨安縣主簿	1.改秘書丞。 2.以刑部郎中直昭文館，知相州，還朝卒。
范祥	邠州三水人	進士及第	錄一子：范育，爲涇陽令。官至給事中、戶部仕郎，卒。			乾州推官				1.遷殿中丞。 2.任提舉陝西緣邊青、白鹽，改制解鹽使，卒。

田京	亳州鹿邑人	舉進士		開封府判官		秦州觀察推官	蜀州司法參軍			1.改秘書省著作佐郎。 2.仁宗時，特遷工部郎中，後拜右諫議大夫卒。
周渭	昭州恭城人	建隆初至京師，爲薛居正所裡，賜同進士出身	1.其妻：莫荃，賢婦也。 2.子：周建中，爲乘氏主簿。						解褐白馬主簿	1.擢右贊善大夫。 2.太宗時，遷侍御使，後加職方員外郎。 3.其從子違法，貶爲彰信軍節度副使。 4.眞宗時，復爲益州轉運使，詔下而卒。
梁鼎	益州華陽人	太平興國八年進士甲科	1.祖：梁鉞，仕蜀爲建門關使。 2.父：梁文獻，乘室令。 3.賜二子：申甫、吉甫出身。	開封府判官						1.解褐大理評事。拜右諫議大夫、度支使。 2.景德初，知三班院、通進銀台司門下封駁駁事，出知鳳翔。三年，卒。
范正辭	齊州人	治春秋三傳登第	1.父：范勞謙，獲勞令。 2.子： a.范識登進士及第。 b.范諷，官至給事中。 3.孫：范寬之，終尙書刑部郎中，知濠州。						安陽主簿	1.開寶中遷國子監丞，改著作佐郎。 2.端拱二年，遷倉部員外郎，後改判刑部。 3.後以年老求兗州商稅，大中祥符三年四月，卒。
劉師道	開封東明	雍熙二年舉進士	1.父：劉澤，右補闕。 2.弟：劉幾道爲秘書省校書郎。			和州防禦推官				1.擢著作佐郎，又遷殿中丞。 2.大中祥符二年，兵部郎中，知潭州。復加樞密直學士，同年六月暴病卒。
王濟	深州饒陽人	雍熙中，上書自陳死事孤，得試學士院	1.祖：王卿，趙王容召置幕府。 2.父：王恕。 3.子：王孝傑，官爲國子博士。						龍溪主簿 ↓ 胙城尉↓臨河主簿	1.遷光祿寺丞、權知大理丞，改刑部詳覆官。 2.景德初，召拜工部員外郎兼侍御使知雜事。 3.景德四年遷刑部郎中，是歲卒。

方偕	興化莆田人	進士第		汀州判官		溫州軍事推官				1.遷秘書省著作佐郎，累遷尚書屯田員外郎，爲御史台推直官。 2.後遷刑部郎中，以太常少卿分司西京，遷光祿卿，卒。
曹穎叔	亳州譙人	進士及第		亳州簽書節度節度判官 ↓ 威勝軍判官 ↓ 開封府判官		渭州軍事推官				1.改大理寺丞。 2.仁宗時，累遷右司郎中，爲陝西都轉運使。 3.進龍圖閣直學士、知永興軍，族于官。
劉元瑜	河南人	進士及第							補舞陽縣主簿	1.改秘書子著作佐郎、知雍丘縣。 2.爲歐陽修、余靖所惡，後以左諫議大夫知青州，卒。
楊告	漢州綿竹人	賜同學究出身	1.父：楊允恭，西京左藏庫使。 2.有子一人，賜同進士出身，爲幾卒。	南劍州判官		開封府推官			廬江尉 ↓ 豐城主簿	1.改大理寺丞。累遷尙書司封員外郎。 2.拜右諫議大夫、知鄭州。
趙及	其先幽州良鄉，後徙偃師	舉進士	父：趙的事契丹爲蔚州靈丘令。雍熙中，王師北征，乃歸，授偃師令，因家焉	廣信軍判官		慈州軍事推官				1.改秘書省著作佐郎、知魏縣。 2.累遷尙書屯田員外郎，後舉爲殿中侍御使。 3.遷右諫議大夫，出知徐州；以本官管勾南京留司御史台。
劉湜	徐州彭城人					澶州觀察推官 ↓ 湖南節度推官 ↓ 開封府推官				1.改秘書省著作佐郎；遷太常博士。 2.仁宗時，以左司郎中知鄆州，遷龍圖閣直學士知慶州；改知密州卒。
王彬	光州固始人	淳化三年進士及第。	1.祖：王彥英。 2.父：王仁侃。						雍丘尉	1.後改秘書省著作佐郎，通判筠州。 2.因忤逆章獻太後，徙京東。復爲三司鹽鐵判官，累遷太常少卿，卒。
仲簡	揚州江都人	楊億機教其詩賦，遂舉進士。	少時家貧			河南府推官				1.改秘書省著作佐郎；累遷尙書都官員外郎。 2.仁宗時，降刑部郎中，知筠州，復爲兵部郎中，徙洪州卒。

楊偉	建州浦城人	天禧元年獻頌，召試學士院，賜進士及第。	楊億之胞弟	簽書鎮寧軍節度判官事 ↓ 權開封府判官			蘄州錄事參軍			1.初授秘書省校書郎。 2.遷大理寺丞，在太常博士。 3.累遷尚書兵部員外郎，後遷右司郎中、判太常寺。 4.仁宗時卒贈尚書禮部仕郎。
晁迥	澶州清豐人	舉進士	子：晁宗殼，因父蔭爲秘書省校書郎，仁宗時拜右諫議大夫、參知政事，卒贈工部尚書。				知岳州錄事參軍			1.改將作監丞。 2.眞宗時擢爲右正言、直史館。 3.仁宗時，遷禮部尚書。 4.天聖中，進太子少傅；卒贈太子少保，諡文元。
劉筠	大名人	舉進士	有子一人，早卒，田廬沒官。	知大名府觀察判官事					館陶縣尉	1.眞宗時進左正言、直史館、修起居注。 2.仁宗即位，遷給事中，復召爲翰林學士，拜御史中丞。 3.天聖二年徙於書閣，卒。
孫僅	蔡州汝陽人	咸平元年進士及第	1.弟：孫侑，亦登進士及第，至殿中丞。 2.錄其子大理評事孫和維衛尉寺丞。	開封府判官		解褐舒州團練推官↓開封府推官				1.擢光祿寺丞、直集賢院。 2.大中祥符年間，加比部員外郎。 3.天禧元年正月，卒。
戚綸	應天楚丘人	太平興國八年舉進士	1.父：戚同文。 2.兄：戚維。 3.子：戚舜賓，官至太子中丞。						解褐沂水主簿	1.遷光祿寺丞。 2.眞宗時轉著作佐郎。 3.大中祥符八年，授左諫議大夫。後改太常少卿。 4.大中祥符十三年，卒。
張去華	開封襄邑人	建隆初舉進士甲科	1.父：張希賈。 2.子： a.張師古治國子博士。 b.張師錫至殿中丞。 c.張師顏至國子博士。	開封府判官（太宗）						1.宋初拜秘書郎、直史館。遷起居舍人、知鳳翔府。 2.因弟婦不實，貶安州司馬復召將作少監。 3.景德元年改工部仕郎致仕；三年，卒。

			d.張師德，拜左諫議大夫。 3.孫：張景獻，爲太中大夫。							
樂黃目	撫州宜黃人	淳化三年，進舉士	1.父：樂史。 2.兄：樂黃裳。弟：樂黃庭及孫黃滋，並進士及第。 3.子： a.樂理國，爲衛尉寺丞。 b.樂定國爲大理評事。						補伊闕尉	1.遷大理寺丞、知壽安縣。 2.大中祥符中，改工部員外郎。 3.仁宗，拜給事中兼左庶子，改知通進、銀台司兼門下封駁事，數月，求外任，得知亳州，卒。
柴成務	曹洲濟陰人	太宗遂重舉士甲科	1.父：柴自牧，舉進士，至兵部員外郎。 2.子貽範，授奉禮郎，後爲國子博士。 3.錄其孫：出昌、獻之，賜同學究出身。			解褐陝州軍事推官 ↓ 曹、單觀察推官				1.遷大理評事，轉太常丞。 2.眞宗即位遷給事中、知梓州，又遣知青州。 3.景德初，卒。
喬維岳	陳州南嶺人	後周顯德初登第				開封府推官		平輿令（後周）	太湖主簿（後周）	1.開寶中，右拾遺劉稹薦其材，擢爲太子中舍，改殿中丞。 2.眞宗時拜爲給事中，轉太常少卿。 3.眞宗咸平四年，卒。
王陟	潞州上黨人	淳化三年舉進士	錄其子。 a.王若拙爲奉禮郎，官國子博士。 b.王若谷爲太廟齋郎。			補嵐州團練推官 ↓ 晉州觀察推官 ↓ 開封府推官	留知開封府司錄參軍			1.至道初，李擇言薦爲著作佐郎。 2.咸平初，遷太常博士。 3.咸平五年，判五司鹽鐵勾院；六年，卒。
張雍	德州安德縣人	開寶六年中第	1.始登第，爲滕中正女婿。				知開封府司錄事參軍		解褐東關尉	1.太平興國初，改將作監丞，俄爲秘書丞。

			2.子：張太沖，官殿中丞。							2.大中祥符元年，請老，以尙書右丞致仕，告命未至而卒。
魏廷式	大名宗城人	少明法學，太平興國五年中第	錄其子攝太常寺太祝舜節爲太祝，禹卿同學究出身。				釋褐朗州法曹掾			1.轉運使以其吏材奏，知桃源縣。遷將作丞。 2.眞宗即位，拜右諫議大夫、知審刑院，出知涇州。 3.咸平二年卒。
盧琰	淄州淄川人	太平興國八年舉進士	1.父：盧浚，官至右諫議大夫。 2.子： a.盧士宗，曾任濕州推官，後任大常博士。 b.次子：盧士倫官至工部郎中、度支副使。	開封府判官					解褐歷城主簿	1.歷大理評事、知安吉縣。三遷太常丞、通判并州。 2.至道中，加太常博士。 3.咸平二年，選爲開封府判官，與推官李防並命。 4.後轉遷工部員外郎。 5.大中祥符二年，加吏部郎中，額拜右諫議大夫。 6.大中祥符六年卒。
宋摶	萊州掖人	開寶八年，宋準典貢部，得第。	子： a.宋可法官致太子中舍。 b.宋舜元，登進士第，筠州判官改著作郎。孫：賜同進士出身。				濰州司理參軍	白龍令	調補遂寧尉	1.轉遷右諫議大夫。 2.眞宗即位遷司封員外郎、河東轉運使。 3.大中祥符初，進秩刑部郎中。二年卒。
凌策	宜州涇人	雍熙二年舉進士	1.兄：凌策官至國子博士。 2.錄其子： a.凌瓘將作監主簿。 b.凌琬爲奉禮郎。	廣安軍判官		西川節度推官				1.淳化三年命爲光祿寺丞，簽書兩使判官。後拜右贊善大夫。 2.淳化九年秋，拜給事中、權御史中丞；次年尋遷工部仕郎。 3.天禧二年三月，卒。
楊覃	弘農華陰人	少獻疏於嗣王屬爲著作佐郎，太平興國八年舉進士擢第。	1.漢太尉楊震之後。 2.曾祖父：楊承休。 3.祖父：楊巖，爲鎭海軍節度副使。			徐州觀察推官			禹城尉	1.後改著作佐郎，後遷太常博士。 2.淳化中轉屯田員外郎。 3.大中祥符二年，改大常少卿、直昭文館。

			4.父：楊郁。 5.從弟：楊蚋與從子楊侃、楊傅並登進士第。 6.錄次子楊文敏爲揚州司士參軍。							
陳世卿	南劍人	雍熙二年登進士第	錄其子陳儼自南安主簿遷爲太祝。			解褐衡州推官 ↓ 東川節度推官				1.後爲秘書郎遷太常寺丞。 2.大中祥符四年改度支員外郎。 3.大中祥符九年卒。
李若拙	京兆萬年人	1.初蔭補太廟齋郎，復舉拔萃 2.後舉進士，登賢良方正科。	1.父：李光贊，貝、冀觀察判官。 2.子：李繹，補太廟齋郎，官至右諫議大夫。			密州防禦推官				1.太平興國二年，知乾州，會李飛雄詐乘驛稱詔使，事敗伏法。太宗以若拙與飛雄父若愚連名疑其昆弟，命殿直盧令珣即捕繫州獄。 2.淳化五年直昭文館，遷主客郎中。 3.眞宗咸平年間改右諫議大夫；咸平四年卒。
靳懷德	博州高唐人	太平興國中明法。	1.祖：靳昌範，殿中丞。 2.父：靳隱，禹城令。	解褐廣安軍判官						1.秩滿，授鴻臚寺丞。 2.歷虞部、比部員外郎。 3.天禧元年卒。
李迪	趙郡人	舉進士第一。	1.曾祖必五代之亂，徙家至濮。 2.子：東之、肅之、承之、及之等人。 3.孫：孝壽、孝基、孝稱等人。	留守判官（眞宗）						1.授將作監丞。 2.進右諫議大夫、集賢殿學士。 3.仁宗即位，太后預政，貶爲衡州團練副使。太后崩，復拜同中書門下平章事、集賢殿大學士。 4.仁宗時以太子少傅致仕。
張知白	滄州清池人	中進士第	以兄子子思爲後。	累遷河南節度判官						1.咸平中，召試中書，加直史館。 2.仁宗天聖年間，官尚書工部仕郎致仕。
杜衍	越州山陰人	擢進士甲科	1.父：杜遂良官至尚書度支員外郎。			補揚州觀察推官				1.改秘書省著作佐郎。 2.寶元二年，遷刑部仕郎，後改樞密院使。 3.慶曆七年以太子少師致仕；卒贈司徒兼侍中；謚正獻。

龐籍	單州成武人	進士及第	子：元英，朝散大夫。孫：龐恭孫，蔭補爲通判。				黃州司理參軍			1.遷大理寺丞。 2.景祐三年改刑部員外郎。 3.仁宗時以太子太保致仕，封穎國公。
呂夷簡	先世萊州，後遷壽州	進士及第	1.祖：呂龜祥，知壽州。 2.有子：公綽、公弼、公著、公儒等四人。	殿中丞簽書兗州觀察判官事		補絳州軍事推官				1.稍遷大理寺丞，後遷太常博士。 2.仁宗天聖末，君中書侍郎。 3.因仁宗立后被貶。未幾，以右僕射入相；後以太尉致仕。
呂公儒	先世萊州，後遷壽州	宰相呂夷簡之子				開封府推官				1.後轉判官。 2.神宗時，擢戶部尙書，以並，提舉靈泉觀。 3.卒贈右光祿大夫。
張士遜	陰城人	淳化中舉進士	1.祖：張裕，黨主陰城鹽院。 2.子：友直、友正二人。 a.張友直，初補將作監主簿，累遷工部郎中、知越州卒官。 b.張友正，神宗評其草書爲本朝第一。					射洪令	調鄖鄉主簿	1.後秘書丞。 2.仁宗時，累遷尙書左丞，遂拜禮部尙書、同中書門下平章事。 3.康定年間卒贈太師、中書令，謚文懿。
韓琦	相州安陽人	舉進士。	1.父：韓國華。 2.有子：忠彥、端彥、純彥、粹彥、嘉彥等五人。 3.孫：韓治，徽宗時爲太僕少卿。			開封府推官				1.授將作監丞、通判淄州，入直持集賢院、監左藏庫。 2.仁宗嘉祐三年，拜同中書門下平章事。 3.英宗，加門下侍郎，進封衛國公。 4.神宗熙寧八年卒。
吳充	建州浦城人	未冠，舉進士。	1.與兄吳育、吳京、吳方皆高第。						穀熟主簿	1.入爲國子監直講、吳王公教授。 2.神宗三年，拜樞密副使。安石去，遂代同中書門下平章事、監修國史。

			2.子：安詩、安持二人。 a.案詩在元祐時爲諫官、起居郎。 b.安持爲都水使著，遷工部侍郎。 3.孫：儲、侔官皆員外郎。							3.元豐三年三月，罷微觀文殿大學士、西太一宮使。尋月卒。
王珪	成都華陽人	舉進士甲科	1.曾祖：王永，是太宗爲右補闕。 2.季父：王罕，以光祿卿卒。 3.從兄：王琦。				紹聖中，追貶萬安軍司戶參軍			1.通判揚州，後召直集賢院，爲鹽鐵判官。 2.神宗熙寧九年，進同中書門下平章事、集賢殿大學士。 3.元豐八年帝有疾，立太子哲宗有功，進金紫光祿大夫，封岐國公。 4.紹聖時追貶爲萬安軍司戶參軍，削諸子籍。 5.徽宗即位，還其官封。蔡京秉政，復奪贈諡。
王琪	成都華陽人	起進士。	王珪之從兄			開封府推官			江都主簿	1.上時務冊，仁宗嘉之，除館閣校理、集賢校理。 2.後以禮部侍郎致仕。
富弼	河南人	仁宗時復制科	1.妻爲晏殊之女。 2.子：富紹廷，徽宗時擢詞部員外郎。 3.孫：富直柔，紹聖中，同知樞密院事。	簽書河陽判官		開封府推官				1.初授將作監丞。 2.神宗慶曆年間任宰相於朝廷。 3.神宗熙寧二年，召拜司空兼侍中。 4.元豐六年八月薨。 ☆哲宗元祐初，配享神宗廟朝。紹聖中，章惇執政，罷配享。至靖康初，詔復舊典焉。
范仲淹	其先邠州，後遷蘇州吳縣人	舉進士第	1.少時，母更適長山朱氏，從其姓。名說。 2.有子：純祐、純仁、純禮、純粹等四人。			集慶軍節度推官（還姓更名）	廣德軍司理參軍			1.遷大理評事。 2.仁宗時爲宰相。 3.後遷戶部侍郎，徙青州。請穎州，未至而卒。

范純仁	蘇州吳縣人	蔭太常寺太祝，皇祐原年舉進士。	1.范仲淹之次子。 2.有子：正平、正思二人。	簽書許州觀察判官						1.釋褐著作佐郎知襄城縣。 2.神宗時，觸怒王安石，左遷。 3.哲宗元祐三年，拜尚書右僕射兼中書侍郎。 4.建中靖國次年乃卒。
韓億	先世眞定靈壽人，後徙開封雍丘	舉進士	1.有子綱、綜、絳、繹、維、縝、緯、緬等八人。 2.孫：韓宗道官至戶部侍郎。	開封府判官						1.爲大理評事、知永城縣。 2.除開封府判官爲河北轉運使。 3.景佑二年以尙書工部侍郎同知樞密院事。 4.以太子少傅致仕。 5.韓維紹聖中，坐元祐黨，降左朝議大夫，後再貶崇信軍節度副使，哲宗元符年間，復左朝議大夫，徽宗初年，悉追復舊官。
韓絳	開封雍丘	舉進士甲科				開封府推官				後以司空、檢校太尉致仕。
韓縝	開封雍丘	1.父爲韓億。 2.子：韓宗武，舉進士及第，爲韓宗彥辟爲河間令，徽宗時爲秘書丞累官太中大夫。	簽書南京判官							1.後遷殿中侍御史。 2.哲宗時，拜尙書右僕射間中書侍郎。後以太子太保致仕。 3.紹聖四年卒，卒贈司空，諡曰莊敏。
趙抃	衢州西安人	進士及第	子：趙岏，蔭補登第，官至鴻臚、太僕少卿。 孫：趙雲			武安軍節度推官				1.翰林學士曾公亮漸爲殿中侍御史。 2.神宗立，召知諫院。與王安石政治理念不同求去；終以太子少保致仕。 3.元豐七年，薨。
唐介	江陵人	擢第	1.父：唐拱。 2.子：淑問、義問二人。 3.孫：唐恕，崇寧初爲華陽令，召起爲監察史，終餓死江陵山中。					平江令	武陵尉	1.入爲監察御史，轉殿中侍御史。 2.熙寧元年，拜參知政事；其數與王安石爭論，不勝憤，而薨。

邵亢	丹陽人	鄉試、府試當第一，范仲淹見其才，召其入試。	1.從父：邵必，爲上元主簿，開封府推官，後遷寶文閣直學士、權三司使開封府推官，君龍圖閣學士、知成都。 2.與宰相張士遜聯姻。			穎州團練推官 ↓ 建康軍節度推官				1.改度支判官。 2.神宗立，遷龍圖閣直學士，後進樞密直學士。 3.因諫官孫覺之事觸怒皇帝，以資政殿學士知越州。歷鄭、鄆、毫三州，薨。 4.卒贈吏部尙書，謚曰安簡。
錢易	杭州臨安人	舉進士	1.父：錢倧，吳越王之後嗣。 2.錢惟演之從弟；另有兄錢昆，官至右諫議大夫。 3.子：有子：彥遠、明逸二人。 4.孫：錢藻，舉進士，以翰林學士、知審官東院卒，卒贈太鍾大夫。			補濠州團練推官				1.改光祿寺丞。 2.仁宗景德累遷左司郎中，爲翰林學士，暴斃而卒。
錢即	杭州臨安人	進士第	吳越王俶之後，錢惟演之從子			睦州推官				1.崇寧中爲陝西轉運判官；後除直龍圖閣。 2.以正奉大夫致仕。
張昇	韓城人	舉進士				開封府推官			楚丘主簿	1.累官度支員外郎。 2.仁宗至和二年拜御史中丞。 3.英宗時拜太子太師致仕。 4.熙寧十年，薨，卒。
趙槩	南京虞城人	中進士第				開封府推官				1.通判海州，爲集賢校理。 2.神宗時，曾代韓絳爲御史中丞。 3.元豐六年薨。
胡宿	常州晉陵人	登第	有子：宗炎、宗愈、宗回等三人。						揚子尉	1.薦爲館閣，進集賢殿校理。校理。 2.英宗時拜樞密副使。 3.治平四年以太子少師致仕，未敗而薨。

歐陽修	廬陵人	舉進士第，試南宮第一，擢甲科	1.母：鄭氏，少貧。 2.子：發、中及棐等人。	武成節度判官	被范仲淹辟爲陝西掌書記	京西推官		坐貶夷陵令 ↓ 乾德令		1.入朝爲館閣校理。 2.慶曆三年，知諫院。 3.嘉祐五年拜樞密副使；次年，爲參知政事。 4.神宗時，遷兵部尚書。 5.熙寧四年以太子少師致仕；五年，卒。
曾鞏	建昌南豐人	中嘉祐二年進士第	有弟：布、肇兩人。				太平州司法參軍			1.遷館閣校理、集賢校理。 2.神宗時被命爲翰林學士，甫數月而卒。
曾肇	建昌南豐人	舉進士	1.兄：曾鞏、曾布；布曾任宰相。 2.子：曾統，官至左諫議大夫。						調黃巖簿	1.擢崇文校書、館閣校刊兼國子監直講。 2.元祐七年入爲吏部侍郎。 3.徽宗即位，復爲中書舍人。 4.建中靖國四年卒。
蔡襄	興化仙遊人	舉進士	孫：蔡佃。			西京留守推官				1.慶曆三年，擢爲知諫院。 2.英宗治平年間，拜端明殿學士以往。 3.治平四年終，卒贈吏部侍郎。
王靖	大名莘人	祖蔭歷通判，復明荊軻	1.太尉王旦之孫。 2.王素之從子。 3.子：王古，拜戶部侍郎，遷尚書。			開封府推官				1.擢利州路轉運判官。 2.神宗熙寧年間，入爲度支副使卒。
余靖	韶州曲江人	以文學稱鄉里。舉進士起家。							贛縣尉	1.試書判拔萃，改將作監丞、知新建縣，遷秘書丞。 2.仁宗時，遷尚書工部侍郎。 3.官至工部尚書代歸，卒。
張存	冀州人	舉進士		安肅軍判官						1.天禧中，改著作佐郎。 2.仁宗爲陝西都轉運使。 3.以戶部侍郎致仕，積遷禮部尚書。
陳襄	福州候官人	舉進士							浦城主簿	
錢公輔	常州武進人	第進士甲科				開封府推官				

豐稷	明州鄞人	登第						穀城令		1.神宗時，徙著作佐郎、吏部員外郎。 2.蔡京得政，貶爲海州團練副使，稍復朝請郎。 3.建炎中追復學士，諡曰清敏。
錢顗	常州無錫人					寧海軍節度推官				1.治平末，以金部員外郎爲殿中侍御史。 2.治平二年貶官，後媚事王安石，得爲御史。
鄭俠	福州福清人	進士高第	官其孫嘉正爲山陰尉。				光州司法參軍			1.秩滿，徑入都。 2.呂惠卿奏爲謗訕，邊管汀州；哲宗令，始得歸，爲泉州教授。 3.宣和元年，卒。
吳擇仁	興國永興人	以父任任官	祖父爲吳中復。						開封雍丘主簿	1.元祐中，金水河隄壞，十六縣皆選屬庀役，得詣朝堂白事。 2.建中靖國初爲知縣。 3.後拜戶部侍郎兼開封府。 4.因宦官楊戩之事，奪職；起知青州，不克拜，卒。
陳薦	邢州沙河人	舉進士	擢其子陳厚爲御史台主簿。						華陽尉	1.曾任韓琦河東幕府，薦爲秘閣校理、判登聞檢院、知太常禮院。 2.英宗時，拜天章閣待制，進知制誥。 3.提舉崇福宮，卒；卒贈光祿大夫。
王獵	長桓人	累應進士不第，後因范仲淹推薦爲官。	官其二孫。						永興主簿藍田主簿	1.入爲吳王潭王宮教授、諸王侍講。 2.神宗時爲龍圖閣直學士，知滑州。 3.以工部郎中爲本曹侍郎致仕，給全俸，後八年卒。
孫思恭	登州人	擢第後，即遭父喪，不肯復從官							宛丘令	1.吳奎開其學，補國子直講，加秘閣校理。 2.管幹南京留司御史台，卒。
楊繪	綿竹人	進士上第				開封推官				1.神宗時，擢翰林學士，爲御史中丞。 2.元祐初，復天章閣待制，再知杭州，卒。
張亢	臨濮人	進士及第	後唐河南尹張全義七世孫。	廣安軍判官 ↓ 應天府判官	簽書西京判官事					1.因治河渠有功，改大理寺丞，簽書西京判官事。 2.仁宗時，坐議河事，降曹州鈐轄。

										3.復客省使、眉州防禦使、徐州總管，卒。
張奎	臨濮人	先張亢中進士	1.張亢之兄。 2.子：張燾，爲龍圖閣直學士			并州推官 ↓ 秀州推官				1.薦改大理寺丞；後遷太常博士。 2.遷給事中，京東補盜有功。
劉平	開封祥符人	進士及第	1.父：劉漢凝。 2.封其妻趙氏爲南陽郡太夫人。 3.弟：劉兼濟，以管勾三班院卒。						無錫尉	1.擢大理評事，後寇準薦爲殿中丞。 2.景祐元年，拜龍神衛四廂都指揮使、永州防禦使。 3.與西夏戰時被執，沒于興州。
耿傅	河南人	以父蔭補爲三班奉職。	1.祖父：耿昭化。 2.官其子耿爰團太常寺太祝；耿璩爲太常奉禮郎；耿璋爲將作監主簿；耿珪試秘書省校書郎；耿宛同學究出身。				明州司理參軍		換伊陽縣尉	1.遷將作監丞、知永寧縣。 2.與西夏元昊作戰時所創而卒。 3.死後韓琦書於隨行軍奏上，詔贈右諫議大夫。
王仲寶	密州高密人	初爲刑部史							補齊州章丘尉	1.任縣尉期間補盜有功，用開封府判官鞠仲謀薦改右班殿直。 2.天聖年間，遷東上閤門使。 3.除左屯衛大將軍致仕，卒。
景泰	普州人	進士起家	子：思立、思忠二人。 a.思立思寧年間有戰功，與董氈部兵戰沒。 b.思忠以左藏庫副使，後爲人陷害而卒。			補坊州軍事推官				1.後累遷尚書屯田員外郎通判慶州。 2.對西夏作戰有功，功遷西上閤門使，後領忠州刺使，徙秦鳳路馬步軍總管卒。
蔣偕	華州鄭縣人	舉進士					韶州司理參軍			1.後以秘書省著作佐郎爲大理寺詳斷官。 2.儂智高反，因戰事未集，降潭州駐泊都監。 3.被賊襲殺於營，卒。

李渭	其先西河，後家河陽	進士起家							臨潁縣主簿	1.累官至太常博士。 2.天聖初，上治河策。 3.天昊犯邊，言者益歸罪于渭，復降右監門衛將軍、白波兵馬都監卒。
郭諮	趙州平棘人	舉進士					通利軍司理參軍		中牟縣主簿	1.改大理寺丞、知濟陰縣。 2.後詔都水監楊佐，導洛入汴，歸後衛及論功而卒。
王安石	撫州臨川人	慶曆二年進士及第	1.父：王益，都官員外郎。	簽書淮南判官						1.秩滿，在調知縣；嘉祐三年，入爲度支判官。
			2.子：王雱							2.神宗熙寧二年，拜參知政事；次年拜同中書門下平章事。 3.元豐二年，復敗左僕射、觀文殿大學士。 4.哲宗立，加司空；元祐元年，卒。
王雱	撫州臨川人	舉進士							調旌德尉	1.除太子中允，遷龍圖閣直學士。 2.卒時才三十三，特贈左諫議大夫。
李清臣	魏人	舉進士	韓琦以兄之子妻之。	簽書平江軍判官			邢州司戶參軍 ↓ 後再貶雷州司戶參軍。	和川令		1.歲滿，薦爲京官。 2.元豐年間，拜吏部尚書，後授朝奉大夫。 3.哲宗即位，轉尚書左丞。 4.徽宗時，出知大名府而卒，卒贈金紫光祿大夫。
安燾	開封人	登第	1.父：安日華，三班院吏，以燾恩封光祿大夫 2.子：安扶，靖康時爲給事中，金人入京被殺。			蔡州觀察推官				1.遷太常丞、主管大名府路機宜文字。 2.元祐二年，知院事，後轉爲門下侍郎。 3.徽宗立，復知樞密院；崇寧五年降端明殿學士，在貶寧國軍節度副使。 4.後復通議大夫，還洛卒。
張璪	滁州全椒人	未冠登第	1.張洎之孫。 2.早孤，鞠於兄環。				鳳翔法曹	縉雲令		1.神宗時，爲知制誥；元豐四年拜參知政事，改中書侍郎。 2.哲宗立，因諫官御史合攻之，乃以資政殿士知鄭州，後進大學士，知揚州以卒。

薄宗孟	閬州新井人	第進士				夔州觀察推官				1.元豐元年，改著作佐郎；後拜尚書左丞。 2.御史彈劾奪職，知虢州。 3.復求河中以卒。
黃履	邵武人	少遊太學，舉進士。					南京法曹			1.擢監察御史，後改崇殿說書兼知諫院。 2.神宗時以禮部尚書召。 3.哲宗立，徙爲翰林學士。 4.徽宗立，拜右丞，加大學士、提舉中太一宮，卒。
蔡挺	宋城人	第進士				虔州推官 ↓ 陵州團練推官 ↓ 開封府推官				1.因河流氾濫爲妥善治理，降爲知州，後改陝西轉運副使。 2.神宗熙寧五年，拜樞密副使。 3.元豐二年薨，卒贈工部尚書，謚曰敏肅。
蔡抗	宋城人	中進士	蔡挺之兄			太平州推官				1.英宗時遷太常博士。 2.未至神宗立，改樞密直學士，驟得疾卒。
王韶	江州德安人	第進士	子十人：厚宋最顯。 a.王厚官累通直郎。				建昌軍司理參軍		新安主簿	1.神宗時，改著作佐郎。 2.熙寧三年，遷樞密直學士；後召樞密副使。 3.元豐四年，病卒。
薛向	河中萬泉人	蔭補爲太廟齋郎	1.祖父：薛顏。 2.子： a.紹彭，有翰林學士墨名 b.中子嗣昌，官拜禮部、刑部尚書。				邠州司法參軍		永壽主簿	1.入爲開封度支判官。 2.神宗時，進龍圖閣直學士。 3.累遷工部侍郎；元豐元年，詔同知樞密院。 4.斥知穎州，改隨州卒。 5.元祐中customers其言，謚曰恭敏。
章楶	建州浦城人	因其叔章得象蔭補爲官	1.祖父：張頻，爲侍御史。 2.有子：綷、綜、京、縮、綖、縯、縝等七人。				孟州司戶參軍			1.擢知陳留縣，歷提舉陝西常平、京東轉運判官、提點湖北刑獄、成都路轉運使，入爲考功、吏部、右司員外郎。 2.元祐初，以直龍圖閣知慶州。 3.哲宗時，進階大中大夫。

										4.徽宗，請老，徙知河南。授資政殿學士、中太一宮使，未幾卒。
常秩	穎州汝陰人	舉進士不中，以經術著稱鄉里				天平軍推官 ↓ 忠武軍節度推官				1.神宗時改制太常寺。 2.神宗九年，提舉中太一宮、判西京留守司御史台，還穎。 3.熙寧十七年卒。
鄧洵武	成都雙流人	舉進士	鄧綰之子						汝陽簿	1.紹聖中，爲秘書省正字、校書郎、國史編修，因以毀宣仁后，遷起居舍人。 2.崇寧三年，拜尚書右丞，後轉左丞、中書侍郎。 3.宣和元年，薨，卒。
李定	揚州人	少學於王安石，登進士第		秀州判官					涇縣主簿 ↓ 定遠尉	1.熙寧二年，孫覺薦詔至京師，後拜太子中允。 2.元豐年間，詔爲戶部侍郎。 3.哲宗立，以龍圖閣直學士知青州，後謫居滁州。元祐二年，卒。
舒亶	明州慈溪人	試禮部第一							臨海尉	1.有績，遷奉禮郎，後擢太子中允。 2.元豐初，權監察御史裏行，後轉御史中丞。 3.崇寧初，知南康軍，後以龍圖閣進待制。
蹇序辰	成都雙流人	登第數年	蹇周輔之子	貶簽書廬州判官		泗州推官				1.轉監察御史，遷殿中侍御史。 2.哲宗立，改司封員外郎。 3.因其父得罪他人，貶降簽書廬州判官。 4.紹聖中，遷左司員外郎。 5.徽宗立，復拜刑部、禮部侍郎，爲翰林學士，進承旨。 6.後因父忌日設宴被貶官，復以中奉大夫，遂卒。
徐鐸	興化莆田人	熙寧進士第一		簽書鎮東軍判官						1.紹聖末，以給事中直學士院；後遷禮部侍郎。 2.徽宗崇寧中，拜禮部尚書；後進吏部尚書；後進吏部尚書，卒。

王臨	大名成安人	起進士	王廣淵之弟	簽書雄州判官						1.治平中，自屯田員外郎換。崇儀使、知順安軍。 2.入爲戶部副使，以寶文閣待制知廣州府、河中，卒。
郭申錫	魏人	第進士	唐代公郭元振之後						晉陵尉	1.改知博州，仁宗時爲御史台推直官。 2.以給事中致仕，卒。
竇卞	曹州冤句人	進士第二				開封府推官				1.熙寧年間爲戶部判官、同修起居注。 2.與殿直王永年相交甚睹，永年已是係獄死，卞奪奇質，提舉靈仙觀卒。
張瓌	滁州全椒人	舉進士	1.張洎之孫。 2.妻父爲王欽若。			開封府推官				1.仁宗時拜淮南淮運使。 2.英宗時，進爲左諫議大夫、翰林侍讀學士，後因劉瑾訟，出濠州。
孫瑜	博平人	以父任爲將作監主簿。	孫奭之子	開封府判官						累官工部侍郎，卒。
杜純	濮州堊城人	蔭補任官	弟：杜紘				蔭爲泉州司法參軍			1.熙寧初，充審刑詳議官。 2.元祐年間，召爲刑部員外郎、大理少卿，擢侍御史。 3.後改鴻臚、光祿卿，權兵部侍郎。 4.以集賢殿學士提舉崇福宮，改修撰，卒。
杜紘	濮州堊城人	起進士	兄：杜純					永年令		1.神宗時，用大理詳斷官，後擢爲刑部郎中。 2.元祐初，遷右司郎中、大理卿。 3.徙知應天府，卒。
杜常	衛州人	中進士第	昭獻皇后族孫也				河陽司法參軍			1.富弼重之，遷河東轉運判官。 2.崇寧中，至工部是尙書，以龍圖閣直學士知河陽軍以卒。
謝麟	建州甌寧人	登第						會昌令石首令		1.由太常博士改西上閤門副使。 2.元祐初，復以朝議大夫、知秘閣知潭州。 3.卒於融江知州任所。
周沆	青州益都人	第進士				開封府推官				1.初置轉運判官，仁宗時，擢天章閣待制、陝西都轉運使。 2.後進樞密直學士、知成德軍；終以戶部侍郎致仕。

孫構	博平人	中進士		廣濟軍判官						1.擢知眞州，遷度支判官，後錄加直昭文館。 2.神宗時，以疾提舉崇福宮，換太中大夫，卒。
蘇宷	磁州滏陽人	擢第				兗州觀察推官				1.受知於杜衍，爲大理詳斷官；後入判爲大理寺。 2.英宗時，進度支副使，累轉給事中。 3.入知審刑院卒。
沈括	錢塘人	以父任蔭補爲主簿，後擢進士第。	沈遘之從弟。						沭陽主簿	1.擢進士第，編校昭文館書籍，後遷太子中允。 2.後拜翰林學士、權三司使。 3.元祐初，徙秀州，繼以光祿少卿分司；後居潤八月卒。
李大臨	成都華陽人	登進士第				絳州推官 ↓ 開封府推官				1.神宗時，擢修起居注，進知制誥。 2.以工部郎中出知汝州。 3.以天章閣待制致仕而卒。
呂夏卿	泉州晉江人	舉進士							江寧尉	1.英宗時，歷史館檢討、同修起居注、知制誥。 2.後知穎州，得奇疾而卒。
樂京	荊南人	受薦爲校書郎						湖陽令 ↓ 赤水令		1.神宗時以承議郎致仕。 2.元祐初，終于家。
苗時中	先世壺關，後徙宿州	蔭補爲主簿					路州司法參軍		寧陵主簿	1.擢廣西轉運副使。 2.至戶部侍郎卒。
張頡	其先金陵人，後徒鼎州桃源	第進士		開封府判官		江陵推官				1.遷提點江西刑獄、廣東轉運使。 2.哲宗立，召爲戶部侍郎。 3.復徙知荊南，至都門，暴卒。
盧秉	湖州德清人	中進士甲科	盧革之子		青州掌書記	吉州推官				1.後遷龍圖閣直學士；西夏入寇帥兵抗之。 2.元祐中，到荊南；劉安世論其鹽法虐民，因而，後降待制、提舉洞霄宮，卒。
滕元發	東陽人	舉進士				開封府推官				1.神宗時，進知制誥、知諫院。後以翰

										林侍讀學士，出知鄆州。 2.哲宗登基，爲龍圖閣直學士，復知揚州，未至而卒。
陸詵	餘杭人	進士起家	子：陸師閔，以父任爲官，官至戶部侍郎，未及拜，落職。	簽書北京判官						1.擢加集賢殿校理、通判秦州。 2.英宗時召爲天章閣待制，知諫院。 3.神宗時，因青苗法出，至熙寧三年，卒。
趙卨	邛州依政人	第進士					汾州司法參軍			1.神宗時，加龍圖閣、知延州；後擢天閣待制。 2.哲宗時，遷樞密直學士。 3.元祐五年，拜端明殿學士，選太中大夫，未幾卒。
游雄師	京兆武功人	學於張載，第進士。		德順軍判官			儀州司戶參軍			1.元祐初，爲宗正寺主簿。 2.入拜祠部員外郎，加集賢校理。 3.紹聖時，徙知陝州，卒。
穆衍	河內人，後徙河中	第進士。	官其一子					華池令		1.元豐中，爲种諤西征爲參知政事。 2.元祐初，改金部、戶部員外郎。 3.紹聖初，徙秦州，未行而卒。
楊佐	宣城人	及進士第	本唐靖恭諸楊後			陵州推官				1.累遷河陰發運判官。 2.皇祐年間，召爲鹽鐵副使，拜天章閣待制。 3.英宗派其遣遼，卒於道。
李先	許州臨穎人	起進士	1.兄：李兌 2.子：李庭玉。			虔州觀察推官		吉州永新令		1.積官至秘書兼致仕。 2.以子敘封，得太中大夫，閒居一紀卒。
沈立	歷陽人	舉進士		簽書益州判官						1.遷兩浙轉運使；召爲戶部判官。2.神宗時，後徙宣州，提舉崇禧觀，卒。
葛宮	江陰人	舉進士			忠正軍掌書記					1.善屬文，上太平雅頌十篇，眞宗嘉之，召試學士院，進兩階。 2.治平中，轉工部侍郎。3.熙寧五年，卒。
葛密	江陰人	舉進士	1.兄：葛宮。 2.有子：書思、書元、勝仲。			光州推官				1.改太常博士。 2.仕至朝奉郎，亦告老，不待年卒。

榮諲	濟州任城人	舉進士	父：榮宗範，知信州鉛山縣。	開封府判官						1.改京東轉運使。 2.召爲戶部副使，以集賢殿撰知洪州，以疾故，徙舒州，未至而卒。
李載	黎陽人	登進士第				冀州推官				1.呂夷簡薦其才，知齊州。 2.以光祿卿提舉仙源觀，卒。
朱景	河南偃師人	舉進士	錄其子光庭爲官						滎澤簿	1.累知汝州，後遷光祿卿。 2.熙寧初年卒，詔加賻贈。
朱光庭	河南偃師人	因其父蔭補擢第。	朱景之子	簽書河陽判官				歷四縣縣令	萬年主簿	1.哲宗即位，司馬光薦爲左正言。 2.拜右諫議大夫、給事中。 3.紹聖中，追貶柳州別駕。 4.元符初，停錮其諸子。 5.徽宗立，復其官。
李琮	江寧人	登進士第	子：回，紹興初爲參知政事。			寧國軍推官				1.呂公著薦爲知陽武縣。 2.元祐初，入爲太府卿，遷戶部侍郎。 3.以寶文閣待制知杭州、永興軍、河南、瀛州，卒。
楊仲元	管城人	第進士							宛丘主簿	1.知澤州沁水縣。 2.官光祿卿，中散大夫以卒。
余良肱	洪州分寧人	有子七人，卞、爽最知名。				元祐末，爽復極言請太皇太后還政事，章惇憾爽不附己，乃擿其言爲謗訕，以瀛州防禦推官。			荊南司理參軍	1.改大理寺丞，出知襄陰縣。 2.遷光祿卿、知宣州，請老。 3.提舉洪州玉隆觀，卒。
潘夙	太原人	第進士	潘美從孫也。						仁壽主簿	1.擢江西轉運判官。 2.仁宗時，爲司封郎中、直昭文館，復知桂州。 3.神宗時，在遷光祿卿，知荊南、鄂州，卒。
徐禧	洪州分寧人	王安石變法時，上治策，因而得官。	官其家二十人			鎮安軍節度推官				1.擢爲太子中允、館閣校刊、監察御史裏行。 2.神宗時，左遷給事中。 3.與西夏作戰時，而卒。

沈起	明州鄞人	進士高第		滁州判官 ↓ 開封府判官						1.後特遷知海門縣。 2.熙寧六年，拜天章閣待制、知桂州。 3.後貶團練副使，徙秀州而卒。
劉彝	福州人	第進士						朐山令	紹武尉 ↓ 高郵簿	1.神宗時，爲兩浙轉運判官，後貶爲均州團練副使。 2.元祐初，復以都水丞召還，病卒於道。
熊本	番陽人	進士上第		撫州軍事判官						1.遷秘書丞、知建德縣。 2.熙寧六年，遷刑部員外郎、集賢殿修撰，同判司農司。 3.後入爲吏部侍郎，徙杭州、江寧府，再知洪州，卒於道。
蕭注	臨江新喻人	舉進士	詔優錄其子					廣州番禺令		1.天聖年間，召改鎮南軍節度副使。 2.神宗時，注歸知桂州，卒於道。
陶弼	永州人	慶曆中因爭討湖南有功，以功得主簿一職。	丁渭妻之宗女					陽朔令 ↓ 興安令	陽朔主簿	1.章惇薦爲辰州，遷皇城使。 2.留知順州，後加東上閤門使，未拜而卒。
种世衡	河南洛陽人	因种放蔭補爲將作監主簿。	1.种放之兄子。 2.弟种世材。 3.有子：古、諤、診等三人，官中號曰「三种」；另有幼子，种遺。 4.孫：朴、師道、師中三人。	簽書同州、鹿州判官事						1.嘗任知縣，後因龍圖閣直學士李紘爲辨其誣，乃貶官。 2.遷內殿崇班、知城事。 3.後遷東染院使、環慶路兵馬鈐轄，後臥病乃卒。 4.其子种古爲其附上書，遂贈成州團練使。
种古	河南洛陽人	因其父錄爲縣尉	1.祖父：种放。 2.父：种世衡						天興尉	1.累西京左藏庫副使。 2.神宗時，遷通事舍人。 3.坐訟范純仁不當，奪一官，後徒鹿、隰二州，而卒。
种師道	河南洛陽人	少從學張載，蔭補爲三班奉職，	种世衡之孫			熙州推官				1.通判原州，提舉秦鳳常平，因詆毀先烈，屏廢十年。 2.以保靜軍節度使，復致仕。

		識法，易文階								3.欽宗時，拜檢校太傅、同知樞密院、京畿兩河宣撫使。 4.後加檢校太師，進太尉，屯滑州。 5.太原陷不久乃卒。
司馬光	陝州夏縣人	中進士甲科	1.父：司馬池，天章閣待制。 2.兄：司馬旦。 3.子：司馬旦，召贈右諫議大夫。	簽書蘇州判官事		開封府推官	紹聖初，奪其諡贈，追貶牙州司戶參軍			1.改大理評事，補國子直講。 2.英宗時，進知制誥，後改天章閣待制兼侍講、知諫院。 3.仁宗時，進龍圖閣直學士。 4.神宗時，擢爲翰林兼侍讀學士：王安石當政，臥家求退，乃拜樞密副使。 5.元祐年間，以尚書左僕射兼門下侍郎致仕。
呂公著	世萊州人，祖龜祥知壽州，子孫遂爲壽州人。	恩補奉禮郎登進士第	1.父：呂夷簡。 2.子：呂希哲、呂希純。				貶建武軍節度副使、昌化軍司戶參軍（紹聖）			1.仁宗獎其恬退賜五品服除崇文院檢討同判太常寺。 2.元豐五年，以疾丐去位除資政殿學士，定州安撫使；後卒，卒年七十二。
范鎮	成都華陽人	舉進士，禮部奏名第一	1.從子：范百祿。 2.從孫：范祖禹			開封府推官			新安主簿	1.擢起居攝人、知諫院。 2.仁宗時，遷翰林學士、改侍讀學士。 3.神宗時，以戶部侍郎致仕。 4.哲宗時，拜端名殿學士，以銀青光祿大夫在致仕，累封蜀郡公。
蘇軾	眉州眉山人	嘉祐二年，試禮部，後中殿試乙科	1.父：蘇洵，卒贈光祿丞。母：程氏。 2.弟：蘇轍。 3.子：邁、迨、過等三人，具善於文。	簽書鳳翔府判官		權開封府推官			福昌主簿	1.除大理評事。 2.神宗時，王安石主政，任黃州團練副使。 3.哲宗立，復朝奉郎，召禮部郎中，遷中書舍人。 4.哲宗親政，以兩學士出知定州。 5.徽宗建中靖國元年，卒於常州。
蘇轍	眉州眉山人	與兄蘇軾同登進士科，又同策制舉。	1.蘇軾之弟。 2.子：遲、适、遜三人。 3.孫：蘇元老。	簽書南京判官	齊州掌書記	大名推官 ↓ 河南推官				1.改著作佐郎；神宗時，遷起居郎、中書舍人。 2.哲宗時，以秘書省校書郎召。 3.宣仁后時，後拜尚書右丞，進門下侍郎。 4.徽宗時，蔡京當國時，降朝請大夫。 5.政和二年卒。

蘇元老	眉州眉山人	舉進士	蘇轍之族孫						廣都簿	1.西京國子博士。 2.政和年間爲比部考功員外郎，官至太常少卿。 3.後罷爲提點明道宮，未幾卒。
呂大防	其先汲郡人，後遷至京兆藍田	進士及第	1.父：呂蕡。 2.子：呂景山。					永壽令	馮翊主簿	1.遷著作佐郎。 2.英宗時，改太常博士。 3.哲宗即位，召爲翰林學士、權開封府；元祐元年，拜尚書右丞，進中書侍郎，封汲郡公。 4.元祐三年，告老，拜尚書左僕射兼門下侍郎，提舉修神宗實錄。 5.紹聖四年，貶爲舒州團練，不久薨。
呂大忠	其先汲郡人，後遷至京兆藍田。	登第	呂大防之兄	簽書定國判軍判官				晉城令	華陰尉	1.熙寧中，改官爲知州。 2.元豐中，爲河北轉運判官。 3.元祐初，爲工部郎中。 4.徽宗時，與章惇、曾布不合，降待制致仕。卒，召復學士官。
呂大鈞	其先汲郡人，後遷至京兆藍田。	中乙科	1.呂蕡之第六子。 2.呂大防之弟				秦州右司理參軍			1.改光祿寺丞。 2.會伐西夏，未幾，道得疾，卒。
劉摯	永靜東光人	嘉祐中，擢甲科	1.父：劉居正。 2.子：劉跂，能文章，遭黨事，爲官拓落，家居避禍，以壽終。			江陵觀察推官 ↓ 開封府推官		冀州南宮令		1.擢爲正中書禮房，後遷監察御史裏行。 2.神宗時，遷右司郎中。 3.哲宗即位六年，拜尚書右僕射。 4.紹聖四年，貶爲鼎州團練副使，至數月，以疾卒。
蘇頌	泉州南安人	第進士	1.父：蘇紳。			宿州觀察推官 ↓ 南京留守推官				1.皇祐五年，召是館閣校刊，同知太禮部；後遷度支判官。 2.元豐初，事連祥符令李純，貶秘書監，知濠州。 3.徽宗立，進太子太保，爵壘趙郡公。 4.建中靖國元年，卒。
王存	潤州丹陽人	慶曆六年，登進士第				密州推官		上虞令	嘉興主簿	1.治平中，入爲國子監直講，後遷秘書省著作佐郎。

										2.元祐二年，拜中大夫、尙書右丞。 3.紹聖初，請老，提舉崇熙官，遷右正議大夫致仕；蔡京主正，降通義大夫。 4.建中靖國元年。
孫固	鄭州管城人	擢進士第					磁州司戶參軍	霍邑令		1.遷秘書丞；治平中，擢工部郎中、天章閣待制、知通進銀台司。 2.熙寧末，以樞密直學士知開封府。 3.哲宗元祐二年，拜門下侍郎。 4.元祐五年卒。
趙瞻	其先亳州，後徙鳳翔	舉進士第	有四子： A.趙孝諶，瀛州錄事參軍。 B.獻趙誠，唐城令。 C.趙某，早卒。 D.趙彥詒，太康主簿。	開封府判官			孟州司戶參軍	萬泉令		1.改知縣，後遷尙書屯田員外郎。 2.神宗時，遷司封員外郎、知商州。 3.哲宗元祐二年，擢樞密直學士、簽書密院事。 4.元祐五年卒，卒贈銀青光祿大夫。
王巖叟	大名清平人	鄉舉、省試、廷對皆第一				涇州推官			欒城簿	1.哲宗即位，劉摯薦爲監察御史，遷左司議兼權給事中。 2.元祐六年，拜樞密直學士、簽書院事。 3.劉摯去位，罷端明殿學士、知鄭州。 4.徙河陽卒，卒贈左諫議大夫。
鄭雍	襄邑人	進士甲科		開封府判官		兗州推官				1.韓琦上其文，召試祕閣校理、知太常禮院。 2.神宗末年，擢起居郎，進中書舍人；後拜尙書右丞。 3.哲宗紹聖二年，以資政殿學士知陳州，徙北京留守。 4.元符元年，提舉崇福宮歸，未至而卒。 5.政和中，復資政殿學士。

孫永	世爲趙郡，後徙長社。	因其祖孫沖蔭補爲將作監主簿；後擢進士。						宜成令	襄城尉	1.後遷太常博士。 2.哲宗詔拜工部尚書。 3.元祐元年，遷吏部，因疾改資政殿學士兼侍讀，提舉中太一宮，未拜而卒。
元絳	其先臨川危室，唐末遷至錢塘	舉進士	1.祖父：元德昭，仕吳越至宰相。			江寧推官		上元令		1.擢將西轉運判官。 2.仁宗時，遷工部郎中，詔敗鹽鐵副使。 3.神宗時，以太子少保致仕。
許將	福州閩人	舉進士第一	子：許份爲龍圖閣學士。	簽書昭慶軍判官						1.神宗時，自太常丞轉當博士，後召爲兵部侍郎。 2.元祐三年，爲翰林學士，格年拜尚書右丞。 3.紹聖初，入爲吏部尚書，拜尚書左丞、中書侍郎。 4.章惇爲相貶元祐諸臣。 5.崇寧年，進門下侍郎，累官金紫光祿大夫。 6.政和初，卒。
鄧潤甫	建昌人	第進士						武昌令	上饒尉	1.神宗時，除集賢校理、直舍人院、改知諫院、知制誥。 2.哲宗時，除端名殿學士、禮部尚書；元祐末，以兵部尚書召；哲宗親政，遂拜尚書左丞。 3.暴卒，優贈開府儀同三司，謚曰安惠。
林希	福州人	舉進士	弟：林旦						涇縣主簿	1.神宗時，同知太常禮院。 2.紹聖初，進寶文閣直學士、知成都府；後遷禮部吏部尚書、翰林學士，擢同知樞密院。 3.徽宗立，任舒州知府，未幾卒。
林旦	福州人		1.兄爲林希。 2.子：林膚。	簽書淮南判官						1.入爲太常博士，工部、考工員外郎。 2.元祐元年，拜殿中侍郎史，後降知郡營校。 3.終於河東轉運使。

陸佃	越州山陰人	受經於王安石，爲禮部奏名舉首，擢甲科				蔡州推官				1.召補國子監直講。 2.哲宗立，權禮部尙書；紹聖年間因治實錄，坐落職。 3.徽宗即位，召爲禮部侍郎，後拜尙書右丞。 4.後罷爲中大夫、知亳州，數月卒。
吳居厚	洪洲人	第嘉祐進士				武安節度推官				1.後遷大理四子，轉補長農。 2.元祐年間，貶爲成州團練副使。 3.崇寧初，拜尙書右丞。進中書門下侍郎。 4.政和三年，以武康軍節度使知洪州，卒。
孫覺	高郵人	少從胡瑗學，登進士第	弟：孫覽						合肥主簿	1.神宗熙寧二年，召知諫院；後改右諫司。 2.哲宗立，遷右諫議大夫；進吏部侍
										郎領右選。 3.除龍圖閣直學士兼侍講，提舉禮泉觀，求舒州靈仙觀以歸，後卒。
李常	南康建昌人	擢第		江州判官		宣州觀察推官				1.楊左薦爲改秩，後爲秘閣校理。 2.哲宗立，改吏部，進戶部尙書，後拜御史中丞。 3.出知鄧州，後徙成都，行至陝，暴卒。
孔文仲	臨江新喻人	舉進士	弟：平仲、武仲等皆起於江西，時稱「三孔」。			台州推官			餘杭尉	1.熙寧出，以范鎭薦而改官；後因觸怒王安石，改官。 2.哲宗元祐初，進爲禮部員外郎。 3.元祐三年，因疾請出，還家而卒。 4.後追貶梅州別駕，元符末，復其官。
孔武仲	臨江新喻人	舉進士甲科	孔文仲之弟						穀城主簿	1.選教授齊州，爲國子直講。喪二親，毀瘠特甚，右肱爲不舉。 2.後遷國子直講。 3.元祐年，拜中書舍人，直學士院。 4.徙宣州，坐元祐黨奪職，居池州，卒。
李周	馮翊人	登進士第		簽書永興軍判官				洪洞令	長安尉	1.後改知雲安縣；司馬光薦爲御史。 2.神宗時，除提點京西刑獄。

										3.哲宗立，召爲職方郎中，後遷太常少卿，進權工部侍郎，旋以集賢殿學士之分州。 4.徙鳳翔府、河中府、陝西，提舉崇福宮，改集賢殿修撰，卒。 5.紹聖中，追貶賀州別駕，後復舊識。
鮮于侁	閬州人	舉進士	唐劒南節度使叔明裔孫也				江陵右司理參軍	黟令，另攝治婺源		1.除利州路轉運判官。 2.王安石主政，爲舉吏所累，罷主關管西京御史台。 3.哲宗立，拜左諫議大夫。 4.除集賢殿修撰、知陳州，滿歲待進待制，居無何，卒。
劉安世	魏人	登進士第，不就選。從學於司馬光。					洺州司法參軍			
顧臨	會稽人	皇祐中，舉說書科				開封府推官				1.入爲吏部郎中、秘書少堅。 2.哲宗元祐二年，擢給事中。 3.紹聖出，以龍圖閣直學士知定州後因得罪宣仁太后，斥饒州居住，卒。
王覿	泰州如皐人	第進士	從子：王俊義，官至右司員外郎。			潤州推官				1.熙寧中，編修三司令是刪定官，不樂，轉求潤州推官；後除司農寺主簿。 2.紹聖初，以寶文閣直學士知成都府，後因所侵官地，貶少府少監，後又貶爲鼎州團練副使。 3.徽宗立，還故職，知永興軍；遷御史中丞，後改翰林學士。 4.無疾而終，紹興初，追復龍圖閣直學士。
馬默	單州成武人	登進士第	子：馬純						臨濮尉	1.改知須城縣，後因張方平薦爲爲監察御史裏行。 2.權工部侍郎，轉戶部告老，後提舉洪慶宮。 3.紹聖時，坐附司馬光，落待制致仕。 4.元符三年，復之，卒。

田晝	陽翟人	父任蔭補爲校書郎	樞密使鄒況之子				磁州錄事參軍			1.建中靖國初，入爲大宗正丞。 2.後請知淮陽軍，歲大疫，遇疾卒。
王回	仙遊人	第進士	子：王渙老					松滋令		1.入爲宗正主簿。 2.徽宗立，擢監察御史，數日卒。 3.蔡京爲相，奪其子爲社齋郎，列入黨籍。
陳瓘	南劍州沙縣人	出中甲科		簽書越州判官	湖州掌書記					1.後爲太常博士，遷秘書省校書郎。 2.後遷右司員外郎兼權給事中。 3.紹聖年間，因上言王安石修改神宗實錄之事，徙台州十年。 4.宣和六年，卒。
任伯雨	眉州眉山人	中進士	1.父：任孜，仕至光祿寺丞。 2.弟：任汲，嘗通判黃州，後知瀘州。 3.子：象先、申先兩人。						施州清江主簿	1.後召爲大宗正丞。 2.徽宗年間，徙爲度支員外郎，尋知虢州。崇寧黨事作，削編管通洲。 3.宣和初，卒。
陳師錫	建州建陽人	熙寧中，遊學太學，廷試擢爲第三。			昭武軍掌書記					1.後知臨安縣，爲監察御史。 2.元祐初，入爲秘書省校書郎，遷工部員外郎。 3.徽宗立，召拜殿中侍御史，俄改考功郎中。 4.出知潁、廬、滑三州，削官至彬州，卒。
彭汝礪	饒州鄱陽人	治平二年舉進士	弟：汝霖、汝方兩人		安武軍掌書記	保信軍推官 ↓ 潭州軍事推官				1.擢太子中允。 2.元祐二年，召爲起居舍人，後拜吏部侍郎。 3.後降待制、知江州，至郡數月卒。朝廷方以樞密都承旨命之而已卒。
彭汝方	饒州鄱陽人	以兄汝礪蔭補爲縣尉	官其家七人						榮陽尉 ↓ 臨城主簿	1.其兄卒，棄官歸葬，辟爲南京司錄。 2.宣和中，擢知州事。 3.方臘起事，罵賊而死。

呂陶	成都人	中進士第						銅梁令		1.後知太原壽陽縣。 2.元祐初，擢爲殿中侍御史；後進給事中。 3.哲宗親政，俄以集賢院學士知陳州，徙河陽、潞州，後再貶庫部員外郎。 4.徽宗立，復集賢殿修撰、知梓州，致仕，卒。
張庭堅	廣安軍人	進士高第				成都觀察推官				1.紹聖年間，入爲樞密院編修文字，除著作佐郎。 2.蔡京守蜀，初與之相好，後反目，坐黨談瑤華非辜事，綿管虢洲，後在徙鼎州、象州。久之，復故官，卒。
龔夬	瀛州人	清介自守，有重名，進士第三。	弟：大壯，不幸早卒。官其後而人	簽書河陽判官						1.紹聖中，擢監察御史。 2.徽宗時，拜爲殿中侍御史。 3.因建言，貶官邊管房州，後逢赦令得歸。 4.政和元年，卒。
孫諤	睢陽人	登進士第	父：孫文用，以信厚稱鄉里，死諡慈靜居士。						哲信主簿	1.選爲國子直講；陷虞蕃獄，免。 2.元祐初，起爲太常博士；後拜禮部員外郎、左正言。 3.徽宗立，復爲右司諫，後遷左司諫，俄以疾卒。
陳軒	建州建陽人	進士第二				平江軍節度推官				1.元祐中，爲禮部郎中、遷中書舍人。 2.徽宗立，爲兵部侍郎兼侍讀，加龍圖閣直學士、知成都府，後改杭州、福州，卒。
常安民	邛州人	登進士舉	子：常同，爲御史中丞。	應天府軍巡判官						1.後轉調之長洲縣，擢大理、鴻臚丞。 2.徽宗立，欲起爲諫官，曾布沮之，以提點永興軍路刑獄，後蔡京用事，流落二十年。 3.政和末年，卒。
孫鬌	錢塘人後徙江都	少游太學，蘇洵、滕甫稱之，用父任，調武平尉。	1.父：孫直言。 2.二子娶晁補之、黃庭堅女，黨事起，家人危懼，鬌一無所顧。	簽書西川判官			越州司法參軍		武平尉（擔任縣尉期間，捕獲名盜數十，謝賞不受。	1.擢提舉廣東常平。 2.徽宗立，召爲屯田員外，後爲少府少監、戶部郎中。 3.後以知單州致仕，靖康二年卒。

李昭玘	濟南人	少與晁補之齊名爲爲蘇軾所知，擢進士第				開封府推官				1.用李清臣薦，爲秘書省正字、校書郎；後坐元祐黨奪官。 2.徽宗立，遷太常少卿；晚知歙州，辭不行。 3.靖康初，復爲起居舍人召，卒。
吳師禮	杭州錢塘人	太學上舍賜第	兄：吳師仁，元祐初，召爲太學正，以穎川、吳王宮教授卒。			開封府推官			涇縣主簿	1.擢右司諫，改右司員外郎。 2.以直秘閣之宿州，卒。
王漢之	衢州常山人	進士甲科	1.父：王介，舉制科，以直聞，至祕閣校理。 2.弟：王渙之。			開封府推官	秀州司戶參軍			1.歷工、吏、禮三部員外郎，太常少卿。 2.方臘之亂，補盜有功，加龍圖閣直學士，又進延康殿學士，卒。
王渙之	衢州常山人	擢上第				特補武勝軍節度推官				1.元祐中，爲太學博士。 2.徽宗立，拜右部員外郎，後擢爲中書舍人。 3.崇寧初，進給事中、吏部侍郎，以寶文閣待制知廣州。 4.以疾提舉明道宮，又四年卒。
朱服	湖州烏城人	熙寧進士甲科				淮南軍節度推官				1.元豐中，擢爲監察御史裏行。 2.元祐年間，拜爲禮部侍郎，後謫知萊州。 3.徽宗即位，坐與蘇軾游，貶海州團練副使，蘄州安置。改興國軍，卒。
張舜民	邠州人	中進士第						襄樂令		1.王安石變法，坐謫監當官。 2.徽宗立，擢右諫議大夫，後改同州。 3.坐元祐黨，謫處州團練副使，復集賢殿修撰，卒。 4.紹興中，追贈寶文閣直學士。
孫升	高郵人	第進士		泰州判官						1.哲宗立，爲監察御史，後遷侍御史。 2.紹聖中，貶水部員外郎，後又貶果州團練副使，汀洲安置，卒。
韓川	陝人	進士上第				開封府推官				1.元祐初，劉摯薦爲監察御史，後遷殿中侍御史。

										2.進中書舍人、吏、禮兩不侍郎，以龍圖閣待制復守穎，徙虢州。 3.與孫升同受責，貶屯田員外郎，分司，岷州團練副使，道州宜置。4.徽宗立，得故官，知青、襄二州，卒。
龔鼎臣	鄆之須城人	景祐元年第進士。	父：龔誘衷，武陵令。		秦泰軍節度掌書記		孟州司法參軍		平陰主簿	1.舉爲著作佐郎、知萊蕪縣。 2.仁宗時，俄拜戶部員外郎兼侍御史知雜事。 3.神宗即位，判吏部流內銓、太常寺，後與王安石不合，求補外，知兗州。 4.尋以鄭議大夫致仕，元祐元年，卒。
鄭穆	福州候官人	舉進士	子：鄭璆爲軍事推官。						壽安主簿	1.詔國子監直講，後積官爲太常博士。 2.元祐初，拜國子監祭酒；四年，拜給事中監祭酒；五年，除寶文閣待制，仍祭酒。 3.元祐六年，請老，提舉洞霄宮；明年，卒。
席旦	河南人	元豐中，舉進士；禮部不奏名，時方求邊功，上言，神宗令廷賜第。	子：席益，紹興初，參知政事。				齊州司法參軍			1.徽宗時，擢右正言，遷右司議。 2.召爲戶部侍郎，還吏部。 3.後加爲述古殿直學士，復知成都。 4.卒於長安，贈太中大夫。
喬執中	高郵人	初補五經講書，後擢進士							須城主簿	1.王安石主政，擔任提舉湖南常平，後召爲司農丞。 2.元祐初，爲吏部郎中，後遷給事中、刑部侍郎。 3.紹聖初，以寶文閣待制知鄆州，後卒。
傅楫	興化軍仙遊人	從孫覺、陳襄學，第進士。					揚州司戶參軍	攝天長令		1.除太學博士，改太常博士。 2.歷監察御史、國子司業、起居郎，拜中書舍人。 3.徽宗即位，召爲司封員外郎。 4.以龍圖閣待制知亳州，卒。

沈畸	湖州德清人	第進士	子：沈濬，官至右正言							1.歷官州縣；崇寧中，爲尚書議禮編修官，召對擢監察御史。 2.進殿中御史。 3.後觸怒蔡京，削官三秩，貶監信州酒稅，未幾，卒。
蕭服	廬陵人	第進士						望江令		1.遷知高安縣，召爲將作少監。 2.後吏部員外郎，送遼使，得疾於道，遂致仕。 3.病癒，還舊識，得請知知蘄州，卒。
徐勣	宣州南陵人	舉進士							吳江尉	1.選桂州教授；徽宗立，擢寶文閣待制兼侍講，遷中書舍人；後又遷給事中、翰林學士。 2.大觀三年，知太平州，加龍圖閣直學士，留守南京。 3.以疾，除顯謨閣學士致仕，卒。
張汝明	世居廬陵，後徙眞州	登進士第	兄：侍御史張汝賢。	簽書漢陽判官			杭州司理參軍		歷衛眞、江陰、宜黃、華陰四縣主簿	1.大觀中，待改宣教郎；後因得罪在經，坐責監壽州麻布廠，後遇赦，改爲判官。 2.晚知岳州，卒於官。
黃葆光	徽州黟人	應舉不第，以從使高麗得官，試吏部銓第一，賜進士出身。					齊州司理參軍			1.由齊州司理參軍爲太學博士，遷秘書省校書郎，擢監察御史、左司諫。 2.得罪蔡京，貶知昭州立山縣，後召職方員外郎，改知處州。 3.方臘亂後，加秘書閣，在任，卒。
石公弼	越州新昌人	登進士第					調衛州司法參軍			1.調漣水丞；後召爲宗正寺主簿。 2.大觀二年，拜爲御史中丞。 3.蔡京主政，羅致其罪，則秀州團練副使，台州安置。踰年，遇赦歸卒。
洪彥昇	饒州樂平人	登第		彬州判官 ↓ 簽書鎮東軍節度判官					常熟尉	1.擢提舉常平，後遷給事中。 2.出知滁州。尋加右文殿修撰，進徽猷閣待制，知吉州。 3.久之，知潭州，未行，卒；卒贈太中大夫。

鍾傅	饒州樂平人	本書生，用李憲薦，爲蘭州推官。坐對獄不實，羈管彬州。				蘭州推官				1.哲宗紹聖中，命幹當熙河、涇原、秦鳳三路公事。 2.崇寧中，復起知河中府，歷鄆瀛渭三州，擢顯謨閣待制。 3.進龍圖閣直學士，後黜知汝州奪學士，未幾，復爲杭州、眞定、永興、太原、延安府，以故職卒。
陶節夫	饒州鄱陽人	第進士	晉大司馬侃之裔也				廣州錄事參軍			1.崇寧中初，進虞部員外郎，遷陝西轉運使，徙知延安府，連擢顯逘閣待制、龍圖閣直學士。 2.後徙洪州，改江寧府，歷青秦二州、太原府。 3.後降待制知永興軍，數月，卒。
王祖道	福州人	第進士							韓城尉	1.知松陽、白馬二縣；徽宗時，拜秘書少監，在爲福州，加直龍圖閣、知桂州。 2.召爲兵部尚書，未行。 3.大觀二年，卒。
張商英	蜀州新津人		兄：張唐英			開封府推官			通川主簿	1.哲宗時，召爲右正言、左司諫。 2.崇寧初，爲吏部、刑部侍郎，翰林學士。 3.蔡京拜相，拜尚書右丞，轉左丞，後與蔡京不合，罷知亳州，入元祐黨。 4.宣和三年，卒。
張唐英	蜀州新津人	及進士第	唐商英之兄					穀城令		1.神宗時，擢爲殿中侍御史。 2.後因父憂去，未幾卒。
何執中	處州龍泉人	進士高第		台州判官亳州判官						1.入爲太學博士。 2.崇寧四年，拜尚書右丞；大觀初，進中書、門下侍郎，積官金紫光祿大夫。 3.政和二年，遷少師，封榮國公。 4.政和五年，卒。
朱諤	秀州華廷人	進士第二				忠武軍推官				1.崇寧初，由太常丞擢殿中侍御史，遷侍御史、給事中。 2.大觀元年，拜右丞，居三月卒；卒。

劉逵	隨州隨縣人	進士高第				越州觀察推官				1.入爲太學、太常博士，崇寧中，連擢秘書少監、太常太卿、中書舍人，後拜中書侍郎。 2.蔡京復相，責鎮江節度副使，稍起知杭州加資政殿學士，以醴泉觀使召，及都而卒。
侯蒙	密州高密人	進士及第							寶雞尉	1.知柏鄉縣；崇寧中，遷侍御史，後改戶部尚書。 2.進尚書左丞、中書侍郎。 3.罷知亳州，旋加資政殿學士。 4.宋江寇京東，命知東平府，未赴而卒。
唐恪	杭州錢塘人	以蔭登第							郴尉	1.擢提舉河東常平、江東轉運判官。 2.大觀中，召爲屯田員外郎，後召拜戶部侍郎。 3.宣和中，遷尚書，罷知滁州。 4.靖康初，金兵入汴，爲中書侍郎；後進拜少宰兼中書侍郎。 5.金人逼百攻立張邦昌，恪既書名，仰藥而死。
王安中	中山陽曲人	進士及第	子：辟章知泉州。				瀛州司理參軍		大名縣主簿	1.政和年間，秘書省著作郎。未幾，擢御史中丞。 2.宣和元年，拜尚書右丞。 3.靖康初，責授朝議大夫、秘書少監，後又貶單州團練副使，象州安置。 4.紹興初，復左中大夫。
曹輔	南劍州人	第進士					政和二年，以通仕郎重詞學兼茂科			1.靖康元年，召爲監察御史，守殿中侍御史，族左諫議大夫、御史中丞。 2.後拜延康殿學士、簽書樞密院事。 3.康王即位，府仍舊職。未幾卒，詔厚恤其家。
陳過庭	越州山陰人	中進士第							館陶主簿	1.除宗子博士，擢祠部、吏部、右司員外郎。 2.宣和二年，進中書舍人。 3.欽宗立，以兵部侍郎詔。 4.建炎四年，卒於燕山。

張叔夜	開封人	蔭補爲蘭州錄事參軍，後賜進士出身。	1.侍中張耆之孫也。 2.子：張伯奮。				蘭州錄事參軍			1.大觀年間，爲庫部員外郎、開封少尹，後賜進士出身，遷右司員外郎。 2.平宋江亂有功，功進龍圖閣直學士、知青州。 3.靖康改元，金人南下，進資政殿學士，俄簽書密院。 4.金人立異姓，不食粟，不久乃卒，卒。
張閣	河陽人	第進士。							衛尉主簿	1.崇寧初，由衛尉主簿遷祠員外郎，因資閱淺，爲掌制所議，蔡京主之，乃止。 2.蔡京主政，俄拜給事中、殿中監、爲翰林學士。 3.詔拜兵部尙書兼侍讀，復爲學士，未幾卒。
鄭僅	徐州彭城人	第進士	子：鄭望之。				大名府司戶參軍大大名府司法參軍	冠氏令		1.入爲戶部員外郎，至太府卿，加龍圖閣，爲陝州轉運使。 2.詔拜戶部侍郎，改吏部侍郎，知徐州。 3.以顯謨閣直學士、通議大夫，卒。
宇文昌齡	成都雙流人	進士甲科	子：累官中大夫。于文常			調榮州推官				1.遷大理寺丞。 2.徽宗立，召爲刑部侍郎，徙戶部侍郎。 3.復爲戶部侍郎，知青、杭、越三州。 4.卒年六十五，詔爲封傳護送歸，官給其葬費。
許幾	信州貴溪人	少與諸生謁韓琦於魏第，琦勉入太學，擢第。				開封府推官			高安主簿樂安主簿	1.進至將作監，後再遷太樸卿、戶部侍郎，以顯謨閣待制知鄆州。 2.後貶永州團練副使，安置袁州。遇恩，復中大夫，卒。
程之邵	眉州眉山人	因父蔭補爲新繁主簿。	1.曾祖：程仁霸，治獄有陰德。 2.子：程唐，至寶文閣學士。						新繁主簿	1.元祐初，提舉利、梓路常平，周輔得罪，亦罷知祥符縣。俄知泗州，爲夔路轉運判官。 2.徽宗時，擢爲顯顯謨閣待制。敵犯熙河，之邵攝師事，屯兵行邊境，解去。俄得疾卒。

崔公度	高郵人	用父任補爲三班差使。				和州防禦推官				1.王安石當國，加集賢校理，知太常禮院。 2.元祐、紹聖間，歷兵禮部郎中、國子司業，除秘書少監、起居郎，援辭不授。 3.知穎、潤、宣、通四州，以直龍圖閣卒。
蒲卣	閬州人	中進士第					利州司戶參軍		三泉主簿	1.爲睦親宅教授，提舉湖北、京西常平。 2.累官中大夫，卒。
沈錫	眞州揚子人	以王安禮任爲鄂州司戶參軍	1.父：沈季長爲王安石妹婿也。 2.沈銖之弟。				鄂州司戶參軍			1.崇寧切，爲講義司檢討，後進太常少卿，拜兵部侍郎。 2.以徽猷閣待制知應天府，徙江寧。 3.歷知海、泰、汝、宣四州，以通議大夫致仕。
樓异	明州奉化人	進士高第					調汾州司理參軍			1.宣和末，改知明州，加龍圖閣、秘書修撰，至徽猷閣待制。 2.睦寇起，善理城戍有績，進徽猷閣直學士、知平江府，卒。
汪澥	宣州旌德人	少從胡瑗學易，又學於王安石，著三經義傳；登進士第。					鼎州司理參軍			1.入爲太學正，累遷國子祭酒，後擢中書舍人。 2.以顯謨閣待制知婺州，改潁昌，又改陳壽二州，徙應天府。 3.提舉崇福宮卒。
葉祖洽	邵武人	熙寧初，策試進士，擢爲第一。		簽書奉國軍判官						1.由國子丞知湖州，留爲校書郎。 2.紹聖中，入爲左司郎中、起居郎、中書舍人、給事中。 3.徽宗怒其躁妄，降集賢殿修撰、提舉沖佑觀，自是不復用。 4.久之，知洪州，改亳州，加徽猷閣直學士。政和末，卒。
時彥	開封人	舉進士第		簽書穎昌判官						1.入爲秘書省正字，累至集賢校理。 2.徽宗立，召爲吏部員外郎，後拜吏部侍郎，徙戶部，爲開封尹。 3.後遷工部尚書，進吏部，卒。

俞㮚	江寧人	崇寧四年，賜進士第				簽書鎮南軍判官				1.擢中書舍人，後進給事中、殿中侍御史。 2.蔡京再相，拜御史中丞，後改翰林學士；遷兵部尚書，以樞密直學士知開德府。 3.以毀紹聖法度，貶常州團練副使，安置太平州。行未至，復述古殿直學士、知寧江府，卒。
賈易	無爲人	中進士甲科					常州司法參軍			1.元祐初，爲太常丞、兵部員外郎，遷左司諫。 2.徽宗立，召爲太常少卿，進右諫議大夫。 3.以寶文閣待制知鄧州，尋入黨籍。卒，年七十三。
董敦逸	吉州永豐人	登進士第					連州司理參軍			1.稍遷梓州轉運判官。 2.元祐六年，詔監察御史。 3.徽宗即位，加直龍圖閣、知荊南，召爲左諫議大夫。 4.遷戶部侍郎，卒，年六十九。
上官鈞	邵武人	熙寧時，擢進士第二			北京留守推官 ↓ 開封府推官					1.元豐中，蔡確薦爲監察御史裏行。 2.元祐初，復爲監察御史。 3.徽宗立，入爲秘書少監，遷起居郎、拜中書舍人，後遷給事中。 4.崇寧初，與元祐黨籍，奪職，主管崇熙觀。 5.政和年間，復龍圖閣待制，致仕，卒，年七十八。
來之邵	開封咸平人	登進士第	其二子皆娶蓋漸之女			開封府推官	潞州司理參軍			1.元豐中，改大理評事，後左遷將作丞。 2.哲宗時，遷殿中侍御史。 3.紹聖初，擢爲侍御史；進行刑部侍郎。 4.以直龍圖閣出知蔡州。卒，年四十八。

楊畏	其先遂寧人父徙洛陽	進士第							調成紀主簿	1.除西京國子監教授，後舒亶薦爲監察御史裏行。 2.元祐初，遷侍御史。 3.尋落職知虢州，入元祐黨。後知郢州，復集賢殿修撰、知襄州，移荊南，提舉洞霄宮，居于洛。 4.政和二年，得疾卒，年六十九。
楊汲	泉州晉江人	登進士第					調趙州司法參軍			1.元祐初，以寶文閣待制知廬州。 2.崔台符被劾，汲亦落職知黃州。 3.紹聖中，復爲戶部侍郎，卒。
李南公	鄭州人	進士及第	子：李譓，官至光祿丞。					浦江令		1.熙寧中，入爲屯田員外郎，罷主管崇福宮。 2.擢寶文閣待制、知瀛州，拜戶部吏部侍郎、戶部尚書。 3.哲宗入朝，奪學士，未幾，復之，遂致仕；卒，年八十三。
虞策	杭州錢塘人	登第進士	弟：虞奕，官至戶部侍郎。			台州推官				1.擢爲提舉利州常瓶、湖南轉運判官。 2.元祐五年，召爲監察御史，進右正言。 3.徽宗時，加龍圖閣學士，知潤州，卒。
錢遹	婺州浦江人	以進士甲科				調洪州推官				1.累通判越州，至校書郎。 2.徽宗立，擢殿中侍御史中丞。 3.崇寧初，召爲都官員外郎、殿中侍御史；俄遷工部尚書兼侍讀。 4.後改述古殿直學士，屏居十五年，方臘陷婺，遹逃奔蘭溪，爲賊所殺，年七十二。
吳執中	建州松溪人	登嘉祐進士第								1.歷官州縣，同門壻呂惠卿方貴盛，不肯附以取；入爲庫部、吏部、右司郎中。 2.大觀初，擢兵部侍郎，後進御史中丞。 3.後觸怒徽宗，黜滁州，未幾，徙越州。 4.後復拜中丞，遷禮部侍郎。 5.張商英罷，尋降待制，奪職。卒於家。

吳材	處州龍泉人	中進士第							青溪主簿 ↓ 咸平尉	1.入爲太學博士，遷左司諫。 2.蔡京用爲給事中、吏部侍郎，後得罪蔡京，以天章閣待制知光州。 3.復詔拜工部侍郎，卒。
宋昇	安州安陸人	父子依蔡京爲官	父：宋喬年						由譙縣尉	1.後遷殿中少監；喬年貶，昇亦謫少府少監，分司南京，未幾，知應天府。 2.起復爲京西都轉運使，後擢至顯謨閣學士。 3.後遷正議大夫、殿中監，又奉命補治三陵泄水坑澗，未幾，卒。
強淵明	杭州錢塘人	進士第	1.父：強至，終祠部郎中。 2.兄：強浚明，不幸早卒。				調海州司法參軍			1.入爲太府丞、軍器少監、國子司業。 2.大觀三年，蔡京罷相，以龍圖閣直學士知永興軍；後召爲禮部尚書，復拜學士，進承旨。 3.以疾，改延康殿學士、提舉醴泉觀兼侍讀，監修國史。
蔣靜	常州宜興人	第進士						安仁令		1.徽宗立，擢職方員外郎，後遷國子司業。 2.召爲大司成，出知洪州。復告歸，加直學士，卒，年七十一。
崔鶠	雍丘人，父徙居穎州，遂爲陽翟人	登進士第	父：崔毗			筠州推官	鳳州司戶參軍	績溪令		1.宣和六年，起通判寧化軍，後召爲殿中侍御史。 2.欽宗即位，授右正言。 3.以龍圖閣直學士主管嵩山崇福宮，命下乃卒。
張根	饒州德興人	第進士	1.弟：張樸。 2.子：張燾				臨江司理參軍	遂昌令		1.後改通判杭州，提舉江西常平。 2.大觀中，詔吏部、戶部。 3.因花石岡拘佔，被貶濠州團練副使，安置郴州。 4.以朝散大夫終于家，年六十。
宗澤	婺州義烏人	元祐六年進士第	子：宗穎，官終兵部郎中。					衢州令龍游令晉州令趙城令	大名尉陶館尉	1.除河北義兵都總管，後改徽猷閣待制。 2.王即位於南京，除龍圖閣學士、知襄陽府。 3.紹興二年，除資政殿學士；請上還京

										二十餘奏，每爲潛善等所抑，憂憤成疾，疽發于背。後連呼過河者三而薨。
趙鼎	解州聞喜人	崇寧五年，登進士第	擢其孫十有二人。					河南令洛陽令		1.高宗即位，除權戶部員外郎，擢右司諫，又遷殿中侍御史。 2.建炎年間，以散官分司，居永州。 3.後與秦檜不合，罷官；秦檜當權，謫官居興化軍。 4.紹興十八年，卒。
呂頤浩	其先樂陵人徙齊州	中進士第					密州司戶參軍			1.以李清臣薦，爲邠州教授。除宗子博士，累官入爲太府少卿、直龍圖閣、河北轉運副使，升待制徽猷閣、都轉運使。 2.後觸怒徽宗，奪職貶官，復進徽猷閣直學士。 3.建炎五年，進封成國公；八年，除少傅、鎮南定安軍節度使，後引疾求去，除醴泉觀使。 4.建炎九年，金人歸河南地，高宗以頤浩往陝西，未幾，卒。
李光	越州上虞人	崇寧五年進士第	父：李高。					開化令		1.除太常博士，遷司封。 2.高宗即位，擢爲秘書少監，除知江州未幾，握侍御史。 3.紹興元年，擢吏部侍郎。 4.紹興十一年冬，中丞万俟卨論光陰懷怨望，責授建寧軍節度副使，藤州安置。 5.後復左朝奉大夫至江州而卒。
韓彥直	延安人	以父任補承奉郎，紹興十八年，登第進士。	韓世忠之子					太社令		1.紹興二十九年，遷屯田員外郎兼權右曹郎官、工部侍郎。 2.乾道八年，授左中奉大夫，充敷文閣待制、知台州。 3.淳化十一年，爲戶部尚書。後有疾，皇帝賜藥，進顯謨閣學士、提舉萬壽觀。 4.轉光祿丞致仕，卒。

徐處仁	應天府穀熟人	中進士甲科	有子庚，度二人。 A.長子徐庚，卒於金人圍城。 B.幼子：徐度，官至吏部侍郎。					永安令安東縣令		1.徽宗時，除宗正寺、太常博士；後以疾奉祠歸南都。 2.欽宗即位，拜太宰兼門下侍郎。 3.高宗即位，起爲大名尹、北道都總管，卒於郡。
王倫	莘縣人	欽宗時奏補爲修職郎，後賜進士出身。	宰相王旦胞弟，王勗之玄孫也。 兄：王遵。 子：王述。					奏補修職郎		1.後遷朝奉郎，假刑部侍郎。 2.紹興九年春，賜倫同進士出身、端明殿學士、簽書樞密院事、充迎梓官、奉還兩宮、交割地界使。既又以倫爲東京留守兼開封尹。 3.紹興十四年，卒。
宇文虛中	成都華陽人	登大觀三年進士第								1.歷州縣官，入爲起居舍人、國使編修官、同知貢舉，遷中書舍人。 2.建炎二年，累官翰林學士、知至誥兼太常卿，封河內郡開國公，後進階金紫光祿大夫，金人號爲「國師」。 3.後遭羅織通金人，故與老幼百口受焚而死。
朱倬	閩縣人	入太學，宣和五年，登進士第	1.唐宰相朱敬則之後，七世祖避地閩中，爲閩縣人。 2.子：朱著，淳熙時四年登第，仕至吏部尚書。						常州簿宜興簿	1.高宗時，出教授越州。 2.紹興三十一年，拜尚書右僕射。 3.孝宗即位，降資政殿學士；明年致仕，卒。
鄭望之	彭城人	崇寧五年進士第。	1.顯謨閣直學士鄭僅之子也						留陳簿	1.累遷樞密院編修官，歷開封府儀、工、戶曹，以治辦稱。 2.靖康元年，假尚書工部侍郎，俾爲軍前計議使。 3.建炎初，責海州團練副使，尋轉吏部侍郎，後起知宣州。 4.以徽猷閣直學士，復致仕；紹興三十一年，卒。

洪皓	番禺人	政和五年進士第	有子：洪适、洪遵、洪邁等三人。				宣和中，爲秀州司錄			1.建炎三年，遷五官，擢徽猷閣待制，假禮部尚書，爲大金通問使。 2.紹興十三年，白鍔觸怒秦檜，因遭波及，罷皓提舉江州太平觀。 3.後遭誣陷貶爲濠州團練副使，安置英州。居九年，始復朝奉郎，徙袁州，至南雄州，卒。
李迨	東平人	迨以蔭補官	曾祖仕至尚書右丞						調渤海縣尉	1.累遷通判濟州。 2.高宗即位南京，改金部郎；父喪，後除權戶部侍郎。 3.紹興酒年，爲京畿轉運使，後落職與祠歸。 4.後復龍圖閣直學士、知洪州。 5.紹興十六年，以疾丐祠；十八年，卒。
呂本中	壽州人	以呂公著遺表恩，授補承務郎	1.元祐宰相呂公著之曾孫。 2.祖父：呂希哲。 3.呂好問之子。						濟陰簿	1.宣和六年，除秘書院編修官。 2.靖康改元，遷職方員外郎。 3.紹興六年，擢起居舍人權中書舍人，後召爲太常少卿。 4.提舉太平觀，卒。
陳規	密州安丘人	重明法科						安陸令		1.建炎元年，除直龍圖閣、知德安府；俄升徽猷閣待制。 2.以疾提舉江州太平觀，復起知德安府。坐失察吏職，減兩官。 3.金人歸河南地，改知順昌府。 4.移至廬州兼淮西安府，既至，疾作乃卒，年七十。
陳桷	溫州平陽人	以上舍貢辟雍，政和二年，廷對第三，授文林郎	1.子：汝楫、汝賢、汝諧等三人。 2.孫：陳峴，以詞學擢第，官中書舍人、直學士院。			文林郎				1.後自冀州兵曹參軍，累遷尙書虞部員外郎。 2.紹興三年，召爲金部員外郎，升郎中。 3.紹興十年，召太常少卿，後權禮部侍郎。 4.紹興三時四年，改知廣州，充廣南路經略安府使，未至而卒，年六十四。

李朴	虔之興國人	登紹聖元年進士第					臨江軍司法參軍			移西京國子監教授，程頤獨器許之。移虔州教授。
衛膚敏	華亭人	上舍生登宣和元年進士第授文林郎	子：仲英、仲傑、仲循等三人。			文林郎				1.宣和六年，召對，改宣教郎、秘書省校書郎，命假給事中賀金主生辰。 2.靖康初，遷吏部員外郎。 3.高宗建炎年間，遷衛尉少卿。 4.建炎三年，遷禮部侍郎；後因疾不能朝。 5.及卒，年四十九。
胡舜陟	徽州績溪人	登大觀三年進士第								1.歷州縣官，爲監察御史，後遷侍御史。 2.高宗即位，除集英殿、知廬州。 3.後十八年，復爲西經略，後因知州貪贓，事連貶官。 4.因與秦檜不合，遭大理寺員彈劾，死於獄中。
胡交修	常州晉陵人	登崇寧二年進士第	1.從祖：胡宿。 2.從父：胡宗愈			泰州推官				1.政和六年，遷太常博士、都官郎，徙祠部，遷左司官，拜起居舍人。 2.建炎六年，召爲給事中、刑部侍郎、翰林學士、知制誥兼侍讀。 3.建炎八年，復請補外，除端明殿學士、知合州，領州數月卒。
綦崇禮	高密人	登徽宗重和元年上舍第							淄縣主簿	1.調淄縣主簿，爲太學正，遷博士，改宣教郎、秘書省正字，除工部員外郎，尋爲起居郎、攝給事中。 2.靖康後，從官以御筆除拜，後兼侍讀兼修史館修撰。 3.以寶文閣直學士知紹興府，退居台州，卒年六十。
章誼	建州浦城人	登崇寧四年進士第	子：騆、駒、騊、驔、騂、駉、馳、駰等八人。				補懷州司法參軍			1.建炎初，擢爲倉部員外郎，後遷殿中侍御史。 2.紹興二年，除大理評事後遷徽猷閣直學士。 3.建炎七年，爲端明殿學士、江南安東路安撫大使、知康府兼行宮留守。未幾，提舉亳州明道宮，代還。 4.八年，卒年六十一。

何鑄	餘杭人	登政和五年進士第								1.歷官州縣，入爲諸王宮大小學教授、秘書郎；拜監察御史，尋遷侍御史。 2.秦檜主政，乃爲端明殿學士、簽書樞密院士爲報謝使。 3.後除資政殿學士、知徽州；居數月，提舉江州太平興國宮，卒，年六十五。
王次翁	濟南人	禮部別頭試第一					恩州司理參軍			1.出知道州，除廣西轉運判官。 2.歷工部侍郎兼侍講、參知政事等官。 3.後以資政殿學士奉祠，引年歸，居明州。 4.紹興十九年，卒，年七十一。
勾龍如淵	永康軍導江人	政和八年，登上舍第	子：佃、僎、似等三人。							1.政和八年登上舍，第沉浮州縣二十年；以張浚薦召試館職。 2.紹興六年，除秘書省校書郎，歷著作佐郎祠部員外，兼禮部起居舍人。 3.官至中司，卒年六十二。
范如圭	建州建陽人	少從舅氏胡安國受春秋登進士第	子：念祖、念懷、念茲三人。			左從事郎、武安軍節度推官				1.召試秘書省正字，遷校書郎間史館校勘。 2.以秘閣提舉常平茶鹽移利州路提點刑獄，以病請祠，復起知泉州。 3.以中旨罷，領祠如故，卒年五十九。
吳表臣	永嘉人	登大觀三年進士第					通州司理參軍			1.累官監察御史，遷右正言。 2.紹興元年，召爲司勳郎中，遷左司。
										3.徙禮部侍郎、遷吏部尚書兼翰林學士，後以議大禮忤意，罷去。俄起知婺州。 4.除敷文閣待制。三歲請祠，進直學士，提舉江州太平興國宮。家居數年，卒，年六十七。
黃龜年	福州永福人	登崇寧五年進士第	1.永福主簿李朝旌以女嫁之。 2.子：黃衡，仕至湖南提舉。				調洛州司理參軍			1.累官河北西路提舉學士。 2.呂頤浩見而奇之，入爲太常博士。 3.靖康元年，除吏部員外郎，拜監察御史，尋除尚書左司員外郎、中書門下檢正諸房公事，充脩政局檢討官。

										4.除太常少卿，累遷起居舍人，中書舍人兼給事中。
張燾	饒州德興人	宣和八年進士第三人	祕閣修撰：張根之子也			文林郎				1.靖康元年，李綱爲親征行營使，辟燾入幕。綱貶，燾亦貶。 2.建炎初，起通判湖州。 3.紹興二十九年，提舉萬壽觀兼侍讀。以衰疾力辭，不許。除吏部尚書。 4.興隆三年，卒，年七十五。
曾開	其先贛州人，後徙河南	崇寧間登進士第	曾幾之兄				眞州司戶參軍			1.累遷國子司業，擢起居舍人，權中書舍人。 2.欽宗即位，除顯謨閣待制、提舉萬壽觀，知穎昌府，兼京西安撫使。奪職，奉祠。 3.建炎初，知潭州、湖南安撫使。 4.因與秦檜不合，秦檜奪其職，僅復秘閣修撰，卒，年七十一。
勾濤	成都新繁人	登崇寧二年進士第					嘉州法曹			1.建炎初年，通判黔州。 2.建炎七年，遷右司郎兼校正。 3.建炎十一年，俄以疾卒，年五十九。
李彌遜	蘇州吳縣人	以上舍登大觀三年第	弟：李彌大，官至禮部侍郎。				單州司戶參軍		穀陽簿	1.政和四年，特遷校書郎，累官起居郎。 2.靖康元年，召爲衛尉少卿，出知瑞州。 3.建炎二十三年，卒，朝廷司其忠節，詔復敷文閣待制。
周葵	常州宜興人	宣和六年，擢進士甲科				徽州推官				1.高宗時，除監察御史，徙殿中侍御史。 2.秦檜死，復直秘閣、知紹興府。 3.孝宗即位，除兵部侍郎兼侍講，改同知貢舉兼權戶部侍郎，後拜參知政事。 4.淳熙元年正月，薨，年七十七，卒。
金安節	歙州休寧人	宣和六年擢進士第							洪州主簿新建縣主簿	1.紹興初，除司農丞，又遷殿中侍卿史。 2.秦檜死，遷禮部侍郎。 3.孝宗即位，拜兵部尚書，後權兵部尚書兼侍讀，詔以敷文閣學士致仕。 4.乾道六年卒，年七十七。

陳橐	紹興餘姚人	入太學有聲登政和上舍第					台州士曹	越州令新昌令		1.紹興二年，召對，改秩，除監察御史。 2.累遷權刑部侍郎，與秦檜不合，坐稽留機事，降秩。 3.後屢上章告老，改婺州，請不已，遂致仕。又十二年，以疾卒於家，年六十六。
張運	信州貴溪人	以太學生登宣和三年進士第，賜同上舍出身	唐宰相文瓘之後。父貫，右通直郎，累贈太中大夫。					桂陽監藍山縣丞。縣闕令，運攝縣	遷潭州攸縣尉	高宗南渡，劇賊王在據岐山，潭帥徵兵戍岳，運將二千人先至岳。賊平，改臨江新淦丞。
陳靖	興化軍莆田人	進士登第	父：陳仁壁，仕陳洪進爲泉州別駕						授陽翟縣主簿	1.太宗異之，改將作監丞，未幾，爲御史臺推勘官。 2.父喪，起復秘書丞，直史館，判三司開柝史。 3.淳化四年，遷太常博士。 4.秘書監致仕，卒。
邵曄	其先京兆人，唐末戰亂隨曾祖至荊南。	太平興國八年，擢進士第，解褐，授邵陽主簿					知蓬州錄事參軍		邵陽主簿	1.改大理評事、知蓬州錄事參軍。 2.太宗時，授光祿寺丞，後歷太常寺、江南轉運副使，改監察御史。 3.入判三司磨勘司，遷工部員外郎、淮南準運使。 4.大中祥符四年，改右諫議大夫、知廣州。 5.俄疾卒，年六十三。
崔立	開封鄢陵人	中進士	祖父：崔周度，是後周爲泰寧軍節度判官			果州團練推官				1.眞宗時，特改大理寺丞、知安豐縣。 2.因治水有功，進殿中丞，歷通判。 3.大中祥符年間，遷給事中。 4.告老，進尙書工部侍郎致仕，卒。
韓晉卿	密州安丘人	五經中第					安肅軍司法參軍	平城令	肥鄉嘉興主簿	1.歷通判、知州，後擢刑部郎中。 2.元祐中，知明州，後入大理少卿，遷卿。 3.治大理寺，卒于官。
周敦頤	道州營道人	以舅龍圖閣學士鄭向任，	有子二人：壽、燾，燾官至寶文				調南安軍司理參軍	桂陽令	分寧主簿	1.熙寧初，任知州，後因呂公著薦爲廣東轉運判官，提點刑獄。

		爲分寧主簿	閣待制。							2.後因疾病求知南康軍。 3.趙汴鎮蜀，奏用之，未及而卒，年五十七。
程顥	世居中山，後從開封徙河南	舉進士	高祖：程羽，太宗朝爲三司使。父：仁宗時爲黃陂尉，官至太中大夫，元祐五年卒。有兄弟程頤等四人。					晉城令	調鄠、上元主簿	1.熙寧出，呂公著薦爲太子中允、監察御史裏行。 2.後因坐獄，責汝州鹽稅。 3.哲宗立，召爲宗正寺，爲行而卒，年五十四。
張載	長安人	舉進士	弟：張戩				祁州司法參軍	雲巖令		1.熙寧中，御史中丞呂公著薦，後後詔知太常禮院，與有司議禮不合，復以疾歸中道。 2.疾甚，沐浴更衣，而寢旦而卒，貧無以歛，門人共買棺奉其喪。
張戩	長安人	舉進士	張載之弟						調閿鄉主簿	1.知金堂縣。 2.熙寧初，爲御賜裏行，後因彈劾王安石等，被貶官。 3.出知公安縣，徙監司竹監，後卒於官，年四十七。
邵雍	其先范陽人，後徙共城，遂爲河南人。	留守王拱辰授將作監主簿，復舉逸士，補團練推官。	子：邵伯溫。			補團練推官				1.嘉祐詔求遺逸，留守王拱辰授將作監主簿，復舉逸士，補團練推官。 2.熙寧十年，卒，年六十七。 3.卒贈秘書省著作郎。元祐中，賜諡康節。
劉絢	常山人	蔭補爲縣主簿						長子令	蔭爲壽主簿	元祐初，韓維薦其經明行修，爲京兆府教授；王巖叟、朱光庭又薦爲太學博士。
游酢	建州建陽人	第進士		簽書齊州、泉州判官					蕭山尉	1.進臣薦其賢，召爲太學錄。 2.范純仁守穎昌府，辟爲教授；純仁入相，復爲博士。 3.晚得監察御史，歷知漢陽軍、何舒濠三州而卒。
羅從彥	南劍人	累恩舉爲惠州博羅縣主簿							惠州博羅縣主簿	從學程頤而歸卒業。

孫奭	博川博平人	九經及第							莒縣主簿	1.上書願試講說，遷大理評事，爲國子監直講。 2.太宗幸國子監，召奭講書。 3.眞宗判太常禮院、國子監、司農寺，累遷工部郎中，擢龍圖閣待制。 4.仁宗即位，召爲翰林侍講學士，知審官院，判國子監。 5.以太子少傅致仕。
孔維	開封雍丘人	乾德四年九經及第	景德四年，錄其孫孔禹圭同學究出身。						解褐東明、鄢陵二主簿	1.太宗即位，擢授太子左贊善大夫。 2.知河南縣，通判滑、梓二州。 3.太平興國中，拜國子周易博士，後遷禮記博士。 4.雍熙初，遷主客員外郎。 5.雍熙三年，擢爲國子司業，賜金紫。 6.淳化初，兼工部侍郎。 7.淳化二年，卒，年六十四。
孔宜	兗州曲阜人	舉進士不第，乾德中，上書述其家世，詔以曲阜主簿	孔子第四十四世孫。 子： a.孔延世，爲曲阜主簿，歷、長葛二令及曲阜令。 b.孔憲，至工部員外郎。 c.孔冕，應城主簿。 d.孔助，官至司封郎中。						詔以曲阜主簿	1.遷司農寺丞。 2.太平興國八年，遷店中丞。 3.雍熙三年，王師北爭，涉拒馬河溺死，年四十六。
崔頌	河南偃師人	以蔭補河南府巡官	父：崔協，後唐門下侍郎、平章事。子：崔曉，至右贊善大夫。	河南府巡官			鄭州錄事參軍		歷開封主簿	1.宰相桑維翰覽而奇之，擢爲左拾遺，遷右補闕。 2.後周恭帝時，改左建議大夫。 3.宋初，判國子監。 4.乾德六年，暴得疾卒，年五十。

尹拙	潁州汝陰人	梁貞明五年舉三史			宣武軍掌書記 忠武軍掌書記				調補下邑主簿，攝本鎮館驛巡官（後梁）	1.後唐長興中，召爲著作佐郎、直史館，遷左拾遺，依前直史館，加朝散大夫。 2.應順初，檢校虞部員外郎兼殿中侍御史。 3.清泰初，加檢校駕部員外郎兼御史大夫。二年，改檢校虞部郎中。 4.後周廣順初，遷庫部郎中兼太常博士，仍充直學士。 5.乾德六年，告老，以本官致事。 6.開寶四年，卒，年八十一。
田敏	淄州鄒平人	少通春秋之學。梁貞明中登科							補淄州主簿（後梁）	1.後唐天成初，改尙書博士，賜緋。 2.秩滿，轉屯田員外郎，以詳明典禮兼太常博士，後改戶部員外郎，賜金紫。 3.後晉天福四年，爲工部尙書，俄兼戶部侍郎。 4.周廣順初，改左丞、後改太子少保致仕。 5.恭帝即位，加少傅。 6.開寶四年，卒，年九十二。
李覺	京兆長安人	太平興國五年舉九經	曾祖：李鼎，唐國子祭酒。祖父：李瑜，青州推官。父：李成。							1.起：將作監丞。 2.雍熙三年，遷國子博士。 3.端拱二年，改水部員外郎、判國子監。 4.端拱四年，遷司門員外郎，詔不絕奉，卒。
崔頤正	開封封丘人	舉進士	與弟崔偓佺並舉進士。						高密尉	1.秩滿，國子監祭酒孔維薦爲國學直講，遷殿中丞。 2.咸平初，改國子博士。 3.咸平三年，卒，年七十九。
崔偓佺	開封封丘人	舉進士	兄：崔頤。子：崔世安。						福州、連江尉	1.判國子監李至奏爲直講。 2.咸平二年，眞宗召爲說書。 3.咸平三年，卒，年七十九。

李之才	青社人	天聖八年，同進士出身。		澤州簽署判官			孟州司法參軍	權共城令	衛州獲嘉主簿	1.改大理寺丞爲緱氏令，未行會延年與龍圖閣直學士吳遵路改大理寺丞。 2.在澤轉殿中丞，丁母憂，甫除喪，暴卒于懷州官舍，慶曆五年二月也。
賈同	青州臨淄人	同進士出身	祖：賈率，五代率四百家至愚谷山。						補歷城主簿	1.張知白薦爲大理評事，通判袞州。 2.後遷殿中丞，知隸州，卒。
劉顏	彭城人	舉進士第	子：劉庠。						除城主簿	1.以試秘書省校書郎知龍興縣，坐法免。 2.李迪辟爲從事，卒。
石介	兗州奉符人	進士及第		嘉州軍事判官		鄆州、南京推官				1.入國子監直講。 2.通判濮州，未赴，卒。
胡瑗	泰州海陵人	范仲淹薦辟爲單州推官				單州推官 ↓ 保寧節度推官				1.皇祐中，授光祿寺丞、國子監直講，後遷大理寺丞，賜緋衣銀魚。 2.嘉祐初，擢太子中允、天章閣侍講，仍治太學。 3.既而疾不能朝，以太常博士致仕，歸老於家。
劉羲叟	澤州晉城人	歐陽修薦其學，試大理評事。		權軍事判官						1.改秘書省著作佐郎。 2.擢崇文院檢校，爲入謝，因背疾而卒。
李覯	建昌南城人	皇祐中，范仲淹薦試太學助教。	請官其子李參魯，召爲郊社齋郎。						海門主簿	嘉祐中，用國子監奏，召爲海門主簿、太學說書而卒。
何涉	南充人	登進士第				彰武軍節度推官		中部令	調洛交主簿	1.范仲淹辟爲彰武軍節度推官。用龐籍奏，遷著作佐郎，管勾鄜延等路經略安撫招討司機宜文字。 2.後特改秘書丞，通判眉州，徙嘉州。 3.累官尚書司封員外郎。父喪罷歸，卒。
王回	福州候官人	舉進士中第	1.父：王平言，試御史。 2.補子：王汾爲郊社齋郎。 3.弟：王向			忠武軍節度推官（治平中）			衛眞簿	知南頓縣，命下而卒。

周堯卿	道州永明人	天聖二年，舉進士	七子：諭，鼎州司理參軍；詵，湖州歸安主簿；謐、諷、譓、說、誼。				桂州司錄↓連、衡二州司理參軍			1.知高安、寧化二縣。 2.後通判饒州，積官至太常博士。 3.范仲淹薦經行可爲師表，未及用，以慶曆五年卒，年五十一。
王當	眉州眉山人	元祐中，蘇轍以賢良方正薦，廷對慷慨，不避權貴，策入四等							龍遊縣尉	蔡京知成都，舉爲學官，當不就。其後京相，當遂不復仕；卒，年七十二。
陳暘	福州人	中紹聖制科				順昌軍節度推官				1.徽宗初，得太學博士、秘書省正字。 2.後進駕部員外郎。 3.進鴻臚太常少卿、禮部侍郎。 4.以顯謨閣待制提舉灃泉觀，嘗坐事奪，已而復之，卒年六十八。
邵伯溫	洛陽人	司馬光入相，特受大名府助教	邵雍之子						路州長子縣尉	1.紹聖初，章惇爲向，伯溫不至京師。 2.徽宗即位，爲知縣。 3.紹興四年，卒，年七十八。
宋白	大名人	建隆二年，擢進士甲科	子： 宋憲臣，國子博士。 宋得臣，賜進士及第，至太常江。 宋良臣，爲太子中舍。 宋忠臣，爲中丞。					玉津縣令（蜀平）		1.解褐著作佐郎。 2.開寶中，任知縣。 3.太平興國五年，充史館修撰，判館職。 4.淳化二年，遷戶部侍郎，俄兼秘書監。 5.眞宗景德二年，拜刑部尙書、集賢院學士，判院士。 6.大中祥符五年正月，卒，年七十十。
梁周翰	鄭州管城人	周廣順二年，舉進士	父：梁彥溫，廷州馬步軍都校。 眞宗錄其子：忠寶爲大理評事。				開封府戶曹參軍		虞城主簿	1.授虞城主簿，辭疾不赴。宰相范質、王溥以其聞人，不當佐外邑，改開封府戶曹參軍。宋初，質、溥仍爲相，引爲秘書郎，直史館。 2.乾德中，擢爲右拾遺，後歷通判。 3.太平興國中，知蘇州。

										4.大中祥符元年，遷工部侍郎，被疾卒，年八十一。
朱昂	其先京兆，世家渼陂，唐天復末徙家南陽；後與唐舊臣顏蕘李濤數輩挈家南渡寓漳州	後周時期，韓令坤屬權知揚州。	子：正彝、正辭並登進士第，正基虞部員外郎。				衡州錄事參軍（宋初）	宜城令		1.開寶中，拜太子洗馬，知蓬州，徙廣安軍。 2.端拱二年，以本官直祕閣賜金紫。 3.眞宗即位，遷秩司封郎中；俄知制誥判史館受詔編次三館祕閣書籍既畢加吏部。 4.咸平二年召入翰林爲學士，踰年拜章乞骸骨召對，敦論請彌確，乃拜工部侍郎致仕。 5.景德四年，卒年八十三。
何承裕	韶州曲江人	晉天福末，擢進士。						盩厔、咸陽二縣令	中都主簿	1.累官至著作佐郎，直史館。 2.開寶三年，入監察御史，後歷侍御史，累知州。 3.太平興國中，卒。
鄭起	不知何許人。少游京、洛間，佻薄無檢操	舉進士						河西令	調補尉氏主簿（後周廣順）	1.秩滿，以書干宰相范質，薦爲右拾遺、直史館。恭帝初，遷殿中侍御史。 2.會蜀平，當徙遠官，起步欲往，乃炙其足，因是成疾而卒。
郭昱	潛江人	後周顯德中登進士第				襄州觀察推官				1.後因坐盜官錢，除名。 2.雍熙中，卒。
和蒙	開封浚儀人	太平興國八年，擢進士第。	1.父：和凝，後晉宰相太子太傅魯國。 2.和峴之胞弟。 3.弟皋始爲三班奉職，淳化中，獻文求試，上以故相之後，改授大理評事。 4.長子珙纔十歲，即授大理評事；次子璥，補太廟齋郎。						釋褐霍丘主簿	1.雍熙初，知崇仁縣，就拜大理評事。江南轉運楊緘以其材幹奏，移知南昌縣。 2.後代遷光祿寺丞。 3.至道元年，判吏部銓，是秋，因風眩而卒，年四十五。

高頔	開封封丘人	後唐清泰中舉進士	次子：高鼎，舉進士，至殿中丞。		天雄軍掌書記（後周）					1.雍熙二年，擢南金第，拜左補闕致仕，後卒於家。
李度	河南洛陽人	周顯德中舉進士	李弟康亦善詩，太平興國二年登進士第，官至太子右贊善大夫。						釋褐永寧縣主簿	1.太宗時，擢爲虞部員外郎。 2.端拱年間，借太常少卿充官告國信副使，上賜詩以寵行。未至交州，卒於太平軍傳舍，年五十七。
韓溥	京兆長安人	後周顯德初，舉進士	1.唐相韓休之孫。 2.弟：韓洎。亦進士及第。		靜難軍掌書記					1.召爲監察御史，三遷至庫部員外郎。再轉司門郎中。 2.淳化二年，被病。
鞠常	密州高密人	乾祐二年，舉進士第	1.祖：鞠眞，黃縣令。 2.父：鞠慶孫，申州團練判官，有詩名。 3.弟：瑜，周廣順中進士與常齊名。	蔡州防禦判官（宋初）	鄆州觀察支使 ↓ 永興軍節度掌書記			伊陽令（廣順） ↓ 猗氏令（顯德） ↓ 清河令（宋初）		1.開寶中，趙普爲相，擢爲著作佐郎。 2.開寶七年，卒，年四十七。
柳開	大名人	開寶六年舉進士	1.父：柳承翰，乾德初監察御史。 2.錄其子柳涉爲三班奉職。 3.兄：柳肩吾，至御史。肩吾三子：湜、灝、沆並進士第，灝祕書丞。				宋州錄事參軍 ↓ 補宋州司寇參軍	貶上蔡令（雍熙二年）		1.太平興國中，擢右贊善大夫。會征太原，督楚，泗八州運。 2.選知常州，遷殿中丞，徙潤州，拜監察御史。 3.召還，知貝州，轉殿中侍御史。 4.雍熙二年，坐與監軍忿爭，貶上蔡令。 5.淳化初，爲知州。 6.眞宗即位後四年，徙滄州，因病乃卒，年五十四。
羅處約	益州華陽人	進士登第	1.唐酷吏希奭之裔孫，伯祖袞唐末爲諫官。 2.父濟仕蜀爲升朝官，歸朝至太常丞處。 3.與兄賁同舉進士。						臨渙主簿。	1.再遷大理評事，知吳縣。王禹偁知長洲縣，日以詩什唱酬，蘇、杭間多傳誦。後並召赴闕，上自定題以試之，以禹偁爲右拾遺，處約著作郎，皆直史館，賜緋魚。 2.淳化三年卒，年二十三。

安德裕	河南人	乾德中詣闕上書，述其家世進而得官；至開寶二年，擢進士甲科歸州軍事推官	父：安重榮，晉成德軍節度，五代史有傳。			歸州軍事推官				1.歷大理寺丞著作佐郎，太平興國中累遷秘書丞、知廣濟軍。 2.俄改太平博士；雍熙初遷主客員外郎。 3.咸平五年，卒年六十三。
錢熙	泉州南安人	登進士甲科	父：錢居讓，陳洪進署清溪令。 子：錢蒙吉，進士及第。			度州觀察推官				1.錢若水等人推薦，轉遷殿中丞。 2.淳化中，爲參知政事。 3.眞宗即位，遷右司諫。 4.咸平三年，卒年四十八。
陳充	益州成都人	舉進士，雍熙初，攜文謁宰相李昉，昉深加賞重，爲延譽于朝。後登進是甲科。			孟州掌書記	釋褐孟州觀察推官				1.寇準薦其文學，轉遷殿中丞。 2.入爲太常博士，直昭文館，遷工部刑部員外郎。 3.久病告滿除籍，眞宗憐其貧病令致仕給半奉，未幾病間守本官，仍充職。 4.景德中與趙安仁同知貢舉，改工部刑部郎中。 5.大中祥符六年，以足疾不任朝謁出權西京留守御史臺，旋以本官分司卒年七十。
黃夷簡	福州人	夷簡少孤，好學有名於江東。太平興國初隨錢俶來朝，授檢校祕書少監、元帥府掌書記。		明州判官 ↓ 淮海國王府判官						1.太平興國初，隨錢俶來朝，授檢校祕書少監、元帥府掌書。 2.雍熙四年，俶改封許王，出鎮南陽，加夷簡倉部員外郎，充許王府判官。 3.至道二年，爲吏部南曹。 4.咸平中，試翰林院，千光祿少卿。 5.景德三年，特受檢校秘書監、平江軍節度副使，踰年卒，年七十七。
盧稹	杭州人	登進士第							補眞定束鹿主簿	契丹圍城，未及赴官，卒，年二十七。
謝炎	蘇州嘉興人	端拱初，舉進士	父：謝崇禮，泰寧軍掌書記						調補昭應主簿	1.後知華容、公安二縣。 2.卒，年三十四。

許洞	蘇州吳縣人	咸平三年進士	父：許仲容，太子洗馬致仕。			雄武軍推官				1.景德二年，獻所撰虎鈐經二十卷，應洞識韜略、運籌決勝科，以負譴報罷，就除均州參軍。 2.大中祥符四年，祀汾陰，獻三盛禮賦，召試中書，改烏江縣主簿。卒。
徐鉉	揚州廣陵人	仕吳爲校書郎，後又仕南唐。					泰州司戶掾		貶爲烏江尉	1.鉉及弟鍇評其援引不當。檄乃湯悅所作，悅與齊丘誣鍇洩機事，鉉坐貶泰州司戶掾，鍇貶爲烏江尉，俄復舊官。 2.後周世宗，遷中書舍人。 3.太平興國初，爲直學士院。 4.太平興國八年，初爲右散騎常侍，遷左常侍。 5.淳化二年，貶爲竹軍司馬。不久卒，年七十六。
句中正	益州華陽人	昶時，館于其相毋昭裔之第，昭裔奏授崇文館校書郎，復舉進士及第	子：希古、希仲並進士及第，希仲太常博士。				補曹州錄事參軍 ↓ 潞州錄事參軍	氾水令		1.太平興國二年，獻八體書。太宗素聞其名，召入，授著作佐郎、直史館。 2.太平興國四年，遷左贊善大夫，改著作郎。 3.淳化元年，改直昭文館，三遷屯田
										郎中。 4.眞宗咸平三年，咸平五年，卒，年七十四。
曾致堯	撫州南豐人	太平興國八年進士	子：易從、易占皆登進士第。				梁州錄事參軍		解褐符離主簿	1.遷著作佐郎、直史館，改祕書丞，出爲兩浙轉運使。 2.俄徙知壽州，轉太常博士。 3.大中祥符初，遷禮部郎中，後轉戶部郎中。 4.大中祥符五年，卒，年六十五。
姚嗣復	廬州合肥人	父卒後，子嗣復以其書上獻，詔藏內府，授嗣復永城主簿	1.姚鉉之子。 2.有兄弟：姚稱，俊穎美秀，頗善屬辭，裁十歲卒。鉉紀其事爲聰悟錄，人多傳久。						永城主簿	

李建中	其先京兆人	太平興國八年進士甲科	1.曾祖：李逢，唐左衛兵曹參軍。 2.祖：李稠梁。 3.子：周道、周士，並進士及第。周士歷侍御史、江東西轉運、三司鹽鐵判官，賜金紫，終工部郎中。周民，太子中舍				知岳州錄事參軍			1.解褐大理評事。 2.轉運使李惟清薦其能，再遷著作佐郎，監潭州茶場，改殿中丞，歷通判道、郢二州。 3.柴成務領漕運，再表稱薦，轉太常博士。 4.景德中，以久次進金部員外郎。 5.大中祥符六年，卒，年六十九。
洪湛	昇州上元人	舉進士，雍熙二年擢置高第。	1.曾祖勳，南唐崇文館直學士。 2.祖壽，桐城令。 3.父：慶元，獻書李煜授奉禮郎。補新喻令，歸宋至寃句令。 4.子：洪鼎，至度支員外郎，直史館、鹽鐵判官。			順昌軍節度推官				1.召還，授右拾遺、直史館。 2.端拱初，通判壽、許二州。 3.後遷比部員外郎，知郴、舒二州。 4.咸平五年，事下御史台。 5.咸平六年，會赦移惠州，至化州調馬驛，年四十一。
崔遵度	本江陵人，後徙淄州之淄川	太平興國八年，舉進士。	其子拜官二人，後又受其二孫官						解褐和川主簿，換臨汾。	1.端拱初，轉運副使夏侯濤上其勤狀，召歸，對便坐，因獻文自薦，擢著作佐郎。 2.淳化中，吏部侍郎李至薦之，遷殿中丞，出知忠州。 3.大中祥符元年，爲左司諫。 4.天禧四年八月，卒，年六十七。
穆脩	鄆州人	眞宗東封，詔舉齊、魯經行之士，脩預選，賜進出身。					調泰州司理參軍			1.負才，與#齟齬，通判忌之，使人誣告其罪，貶池州。 2.穎州文學參軍，徙蔡州。明道中，卒。
劉潛	曹州定陶人	以進士起家				淄州軍事推官				嘗知蓬萊縣，代還，過鄆州，方與曼卿飲，聞母暴疾亟歸。母死，潛一慟遂絕，其妻復撫潛大號而死。

蕭貫	臨江軍新喻人	舉進士甲科				開封府推官				1.歷吏部南曹、三司鹽鐵判官，爲京東轉運使。 2.累遷尚書行部員外郎，後因所部降受賄，降知饒州。 3.後遷兵部員外郎，未及試而卒。
黃鑑	建州浦城人	舉進士		補桂陽監判官						1.後爲國子監主講。累遷太常博士，爲國史院編修官。 2.以母老，出通判蘇州，卒。
楊蟠	章安人	舉進士				密、和二州推官				後知壽州，卒。
顏太初	徐州彭城人	進士及第	1.顏子四十七世孫。 2.子：顏復，嘉祐中，本郡敦遣至京師，召試舍人院，爲奉議郎。						莒縣尉 ↓ 補閬中主簿 ↓ 改臨晉主簿	後移應天府戶曹參軍、南京國子監說書，卒。
郭忠恕	河南洛陽人	舉童子及第					坐貶乾州司戶參軍			1.周廣順中，召爲宗正丞兼國子書學博士，改周易博士。 2.建隆初，酒與監察御史符昭文競於朝堂，御史彈奏，忠恕叱臺史奪其奏，毀之，坐貶爲乾州司戶參軍。 3.乘醉毆從事范滌，擅離貶所，削籍配隸靈武。 4.太平興國二年，卒。
梅堯臣	宣州宣城人	詢蔭爲河南主簿；後賜進士出身	1.侍讀學士梅詢從子也。 2.錄其子一人。	簽書忠武、鎮安判官				德興縣令	河南主簿	1.大臣屢薦宜在館閣，召試，賜進士出身，爲國子監直講，累遷尚書都官員外郎。 2.預修唐書，成，未奏而卒。
江休復	開封陳留人	進士起家							桂陽監藍山尉	1.改大理寺丞，遷殿中丞。 2.入判三司鹽鐵勾院，累遷上書刑部郎中卒。
蘇洵	眉州眉山	舉進士	蘇軾之父						霸州文安縣主簿	1.宰相韓琦見其書善之，奏于朝，召試舍人院，辭疾不至，遂除秘書省校書郎。

										2.會太常修纂建隆以來禮書，乃以爲霸州文安縣主簿，與陳州項城令姚闢同修禮書，爲太常因革禮一百卷。書成，方奏未報，卒。
章望之	建州浦城人	以父得象蔭補爲秘書省校書郎		簽書健康軍節度判官						除知烏城縣，後以光祿寺丞致仕，卒。
王逢	太平州當塗人	晚年登第	其四世祖居巖，仕唐爲驍衛長史，遭亂棄官，歸居青山。楊行密據淮南，使人以兵迫起之，居巖散遣其家人，而以一身歸行密，授以湖州別駕。	補南雄軍事判官						1.歸爲國子監直講兼隴西郡王宅教授。 2.以太常博士通判徐州，未至，卒。
黃伯恩	邵武人	元符三年，進士高等	1.遠祖光州固始徙閩，爲邵武人。 2.祖履，資政殿大學士。 3.父應求，饒州司錄。 4.二子：黃詔，官至右宣教。次子黃郎，官至、荊湖南路安撫司書寫機宜文字。				磁州司法參軍 ↓ 河南府戶曹參軍			1.秩滿，留守鄧洵武辟知右軍巡院。 2.政和八年卒，年四十。
黃庭堅	洪州分寧人	舉進士							調葉縣尉	1.熙寧初，舉四京學官，第文爲優，教授北京國子監，留守文彥博才之，留再任。 2.哲宗時爲校書郎，踰年遷著作佐郎加集賢校理。 3.徽宗即位，起監鄂州稅，簽書寧國軍判官、知舒州，以吏部員外郎召皆

										不行。 4.復除名羈管宜州，三年徙永州，未聞命而卒，年六十一。
晁補之	濟州鉅野人	舉進士，試開封及禮部別院，皆第一					調澶州司戶參軍			1.元祐初，爲太學正，李清臣薦堪館閣，召試，除祕書省正字，遷校書郎，以祕閣校理通判揚州，召還，爲著作佐郎。 2.章惇當國，出知齊州。 3.徽宗立，復以著作召。既至，拜吏部員外郎、禮部郎中，兼國史編
										修、實錄檢討官。黨論起，爲諫官管師仁所論，出知河中府，修河橋以便民，民畫祠其像。徙湖州、密州、果州，遂主管鴻慶宮。 4.大觀末，改泗州，卒，年五十八。
晁詠之	濟州鉅野人	蔭入官，復舉進士	晁補之胞弟也				揚州司法參軍			1.元符末，應詔上書論事，罷官。 2.久之，爲京兆府司錄事，秩滿，提點崇福宮。卒，年五十二。
秦觀	揚州高郵人	舉進士不中，後登第	弟：覿、覯皆能文						調定海主簿	1.元祐初，軾以賢良方正薦于朝，除太學博士，校正祕書省書籍。遷正字，而復爲兼國史院編修官。 2.紹聖出，坐黨籍，出通判杭州。 3.徽宗立，復宣德郎，年五十三卒。
張耒	楚州淮陰人	弱冠第進士							臨淮主簿 ↓ 壽安尉	1.入爲太學錄，范純仁以館閣薦試，遷祕書省正字、著作佐郎、史館檢討。 2.居三館八年，後擢起居舍人。 3.紹聖初，請郡，以直龍圖閣知潤州。坐黨籍徙宣州，謫監黃州酒稅，徙復州。 4.徽宗立，知兗州，召爲太常少卿，甫數月，復出知潁、汝二州。 5.晚監南嶽廟，主管崇福宮，卒年六十一。
劉恕	筠州人	未冠，舉進士	父渙字疑之，爲潁上令，以剛					和川令	調鉅鹿主簿	官至秘書丞，卒年四十七。

			不能事上官，棄去。家于廬山之陽時年五十，歐陽修與渙，同年進士。							
王無咎	建昌南城人	第進士						天台令	江都尉 ↓ 南康主簿	王安石爲政，無咎至京師，士大夫多從之游，有卜鄰以考經質疑者。然與人寡合，常閉門治書，惟安石言論莫逆也。安石上章薦其文行該備，守道安貧，而久棄不用，詔以爲國子直講，命未下而卒，年四十六。
蔡肇	潤州丹陽人	第進士。				江陵推官	明州司戶參軍			1.元祐中，爲太學正，通判常州，召爲尉寺丞，提舉永興路常平。 2.徽宗初，入爲戶部、吏部員外郎，兼編修國史，言者論其學術反覆，出提舉兩浙刑獄。 3.張商英當國，引爲禮部員外，進起居郎，拜中書舍人。 4.後罷爲顯謨閣待制、知明州；言者又論其包藏異意，非議辟雍以爲不當立，奪職，提舉洞霄宮。會赦，復之，卒。
李格非	濟南人	登進士第					冀州司戶參軍			1.入補太學祿，後遷博士。 2.紹聖中，通判通信軍。 3.後召秘書郎，遷著作佐郎、禮部員外郎、提點京東刑獄，以黨籍罷，卒，年六十一。
郭祥正	太平州當塗人	舉進士		簽書保信軍節度判官						1.熙寧中，知武岡縣。 2.以殿中丞致仕，後復爲通判，知瑞州又棄去。 3.隱于縣青山，卒。
米芾	吳人	以母侍宣仁后藩邸舊恩，補浛洸尉	子：米友仁，世號小米，仕至兵部侍郎敷文閣直學士。						補浛洸尉	1.歷知雍丘縣、漣水軍太常博士，知無爲軍。 2.擢禮部員外郎，出知淮陽軍，卒年四十九。

劉詵	福州福清人	中進士第							莆田主簿	1.崇寧中，爲講議司檢討官，進軍器、大理丞，大晟府典樂。 2.歷宗正、鴻臚、%尉、太常四少卿，纂續因革體，卒。
倪濤	廣德軍人	擢進士第	官其一子						廬陵縣尉	1.信陽軍教授，入爲太學正，秘書省校書郎，司勳、左司員外郎。 2.後貶爲監當官，卒年三十九。
李公麟	舒州人	第進士					泗州錄事參軍		歷南康、長垣尉	1.用陸佃薦爲中書門下後省刪定官、御史檢法。 2.元符三年病致仕。
汪藻	饒州德興人	入太學，中進士第	子六人，恬、恪、憺、怲、懔、憘。			婺州觀察推官				1.改宣州教授，稍遷江西提舉學事司幹公事。 2.遷著作佐郎；欽宗即位，召爲屯田員外郎，在遷太常少卿、起居舍人。 3.紹興元年，除龍圖閣直學士、知湖州。 4.紹興二十四年，卒。 5.秦檜死，復職，官其二子。詔贈端明殿學士。
葉夢得	蘇州吳縣人	紹聖四年，登第進士							丹徒尉	1.徽宗時，自婺州教授召爲議禮武選編修官。 2.用蔡京薦召對，特遷祠部郎官。 3.崇寧二年，累遷翰林學士。 4.政和五年，起知蔡州，復龍圖閣直學士。
										5.高宗，除戶部侍郎。尋拜崇信軍節度使致仕。 6.紹興十八年，卒湖州。
程俱	衢州開化人	以外祖尚書左丞鄧潤甫恩，補蘇州吳江主簿；宣和二年，進頌，賜上舍出身。	以外祖尚書左丞鄧潤甫恩						補蘇州吳江主簿	1.起知泗州臨淮縣，累遷將作監丞。 2.宣和二年，進頌，賜上舍出身，除禮部郎，以病告老，不俟報而歸。 3.紹興時，提舉萬壽觀、實錄院修撰，使免朝參，俱力辭不至。卒，年六十七。

張嵲	襄陽人	宣和三年，上舍選中第	子：張昌時						調唐州方城尉	1.改房州司刑曹。劉子羽薦于川、陝宣撫使張浚，辟利州路安撫司幹辦公事，以母病去官。 2.紹興七年，遷校書郎兼史館校勘，再遷著作郎。 3.紹興九年，除司勳員外郎。 4.紹興十年，得請提舉江州太平國宮，會疽發背卒，年五十三。
韓駒	仙井監人	政和初，以獻頌補假將仕郎，後賜進士出身，除秘書省正字	子：遜、遊。						補假將仕郎	1.宣和五年，除秘書少間。 2.宣和六年，遷中書舍人兼修國史。 3.未幾，復坐鄉黨曲學。 4.高宗即位，知江州，紹興年，卒於撫州。
葛勝仲	丹陽人	紹聖四年進士第	子：立方，官至侍從，孫邲，爲右相，自有傳。				調杭州司理參軍			1.林希薦試學官及詞科，俱第一，除兗州教授，入爲太學正。 2.後召爲禮部員外郎，權國子司業。時朝廷命諸生習雅樂，樂成，進一官，遷太常少卿。 3.紹興時四年卒，年七十三。
曹覲	建州建安		曹修禮子也。叔：曹修古卒，無子，爲其後。				建州司戶參軍			1.皇祐中，以太子中舍知封州。儂智高叛，攻陷邕管，趨廣州。 2.儂賊知其無降意，害之。至死詬賊聲不絕，投屍江中，時年三十五。
孔宗旦	魯人						邕州司戶參軍			爲儂智高所殺，卒贈太子中允。
趙師旦	其先單父人後徙宣城	用趙稹蔭爲將作監主簿	趙稹之從子錄其孫二人			寧海軍節度推官				1.知江州縣。後因薦改大理寺丞、知彭城縣，遷太子右贊善大夫，移知康州。 2.爲儂智高所殺，卒贈光祿少卿。卒年四十二。 3.贈信州刺史。
蘇緘	泉州晉江人	舉進士							調廣州南海主簿 ↓ 調陽武尉	1.累遷秘書丞，知英州。 2.仁宗，知鼎州。 3.神宗時，禦寇而死，卒贈奉國軍節度使，謚曰忠勇。 4.元祐中，賜額懷忠。

詹良臣	睦州分水人	舉進士不第，以恩得官，調縉雲縣尉	徽宗聞而傷之，贈通直郎，官其子孫二人						調縉雲縣尉	方臘之黨羽將臠其肉而卒，時年七十二。
李若水	洺州曲周人	上舍登第					平陽府司錄		元城尉	1.試學官第一，授濟南教授，除太學博士。 2.靖康元年，爲太學博士。 3.欽宗將遣使至金國，後遷著作佐郎，後改吏部侍郎。 4.後因罵粘罕而死，年三十五。
劉韐	建州崇安人	第進士	子：羽、孫、珙等三人					隴城令	豐城尉	1.後爲轉運使，擢爲中大夫、集英殿修撰。 2.方臘之亂，召爲河北、河南宣撫參謀官。 3.因金人南下而卒。
傅察	孟州濟源人	登進士第	1.中書侍郎傅堯俞從孫也。 2.蔡京在相，聞其名，遣子儵往見，將妻以女，拒弗答。				青州司法參軍			1.歷永平、淄川丞，入爲太平博士。 2.遷兵部、吏部員外郎。 3.因金人南下而卒，時年三十七。
張克戩	開封人	第進士	侍中張耆之曾孫也。					河間令		1.知吳縣，後召爲衛尉丞。 2.宣和七年，知汾州。 3.靖康元年，因金人南下而卒。
唐重	眉州彭山人	大觀三年進士					蜀州司理參軍			1.改成都府府學教授，知懷安軍金堂縣。 2.因金人南下力戰而卒。
向子韶	開封人	元符三年，進士第。	神宗后再從姪也。官其家六人	荊南府節度判官						1.特恩承事郎。 2.累官至京東準運副使。 3.建炎二年，金人犯淮寧，率弟守城，爲金人所殺。
劉汲	眉州丹陵人	紹聖四年進士				武信軍推官	合州司理參軍			1.後改宣德郎、知開封府鄢陵縣。 2.金人氾京師，爲戰守計，加直龍圖閣、知鄧州兼經西路安撫使。 3.後因金人攻南陽而卒。

郭永	大名府元城人	以祖任爲丹州司法參軍	官其族數人				丹州司法參軍			1.後調清河縣丞，循知大谷縣。 2.後調東平府司錄參軍。 3.高宗時，因金人趨於京師，因抗金人而卒。
崔縱	撫州臨川人	登政和五年進士第	詔以兄子延年爲後						確山主簿	1.高宗時授朝請大夫、右夫殿修撰、試工部尙書以行。 2.金人怒，徙之窮荒，縱不少屈。久之，金人許南使自陳而聽其還，縱以王事未畢不忍言；又以官爵誘之，縱以恚恨成疾，竟握節以死。
唐敏求	太平當塗人	宣和六年進士	補其子楠將仕郎						調德化主簿	盜起，敏求挺身率#捍賊，度力不能支，論以禍福，賊憤詆觸，譟而前，遂遇害。
羅居通	益州成都人	開寶四年，長吏以聞，詔以居通爲延長主簿。							延長主簿	大中祥符出，因葬其父母，降昭旌表。
齊得一	密州諸城人	開寶中，詔郡國舉廉退孝悌之士，本郡即以得一應詔。	晉末，皇甫暉爲密州防禦使，父齊得一爲客將。後歸鄉里，布衣蔬食，不樂仕進。						章丘主簿	
侯可	華州華陰人			簽書儀州判官					華原主簿	議復鄭白渠，得召對。旋以微罪罷官，官至殿中丞，卒于家年七十二。
郝戩	石州定胡人	舉進士				奉寧軍推官		通山令	宛丘尉 ↓ 舞陽主簿	1.時年未五十，以父樵老不第，上書請致仕，得太子中允以歸，未至鄉里而樵卒。 2.治平末，以翰林學士呂公著推起爲，奉寧軍推官，因事舅姑以孝義著稱。
仰忻	溫州永嘉人								卒贈將仕郎	1.紹聖中，郡守楊蟠表其里「孝廉坊」。 2.大觀二年，以行取士，郡以忻應詔。未幾卒。
种放	河南洛陽人也	父嘗令舉進士，放辭以業未成	父：种詡，吏部令史，調補長安主簿。							1.淳化三年，陝西轉運宋惟幹言其才行，詔使召之。 2.景德元年，來朝，特詔之。

										3.大中祥符元年，命判集賢院，拜給事中。 4.大中祥符四年，拜工部侍郎。 5.大中祥符八年十一月，卒。
萬適	陳州宛丘人	淳化中，召至闕下，但不願仕進。							慎縣主簿	適素康強無疾，詔下日已病，猶勉強赴朝謝，舉止山野，人皆笑之，後數日卒。
代淵	本代州人，唐末，避地導江。	舉進士甲科				鳳州團練推官			清水主簿	1.知益州楊日嚴又薦之，遂以太子中允致仕。 2.嘉祐二年九月，有疾，召術士擇日，云「丙申告」，頷之，是日沐浴而絕。
姜潛	兗州奉符人	舉召試學院					明州錄事參軍 ↓ 兗州錄事參軍			1.熙寧中，神宗見其賢，召對延和殿。 2.後家居卒，年六十六。
連庶	安州應山人	舉進士	弟：連庠亦登科，敏於政事，號良吏，終都官郎中。					壽春令	商州尉	1.累遷職方外郎，卒。
俞汝尚	湖州烏城人	擢進士第		簽書劍南西川判官						1.涉歷州縣，無少營進取之心。 2.以屯田郎中致仕。
鄧考甫	臨川人	第進士						萬載永明令	陳留尉	1.知上饒縣，積官奉議郎，提點開封府界河渠，坐事去官，不復致仕。 2.元符末，召求直言。 3.蔡京執政，削籍羈筠州。 4.崇寧去黨碑，釋逐臣，遂卒於，筠州。
宇文之邵	漢州綿竹人	舉進士						文州曲水令		以太子中允歸，時年未四十，退居十五年而終。
張塈	常州人	登進士甲科							調青溪主簿	1.元豐中，近臣薦其高行。至于元祐，大臣復薦之，起教授潁州，辭不就。 2.崇寧四年，卒。
徐積	楚州山陽人	登進士第	官其一子			和州防禦推官	揚州司戶參軍			1.後爲楚州教授，後轉合州防禦推官，改宣德郎，監中岳廟。

										2.卒，年七十六，政和六年賜諡節孝處士。
趙修己	開封浚儀人	晉天福中，李守貞掌禁軍，領滑州節制，表爲司戶參軍。					司戶參軍（後晉）			1.奏試大理評事，賜緋。 2.漢乾祐中，李守貞鎭蒲津，陰懷異志，修己屢以禍福諭之，不聽，遂辭疾歸鄉里。 3.明年，李守貞果叛，幕吏多伏誅，獨修己得免。朝廷知其能，召爲翰林天文。 4.宋初，遷太府卿，判監事，上章告老，優詔不許。 5.建隆三年卒，年七十一。
苗守信	河中人	少習父業，補司天曆算，尋授江安縣主簿	父：苗訓。子：苗舜卿，爲國子博士。						江安縣主簿	1.太宗命%尉少卿元象宗與明律曆者同校定，賜號乾元曆，頗爲精密，皆優賜束帛。 2.雍熙中，遷冬官正。 3.端拱初，改太子洗馬、判司天監。 4.轉殿中丞、權少監事，立本品之下，俄賜金紫。 5.咸平三年卒，年四十六。
楚芝蘭	汝州襄城人	初習三禮，朝廷博求方技，詣闕自薦，得錄爲學生。	錄其子繼芳爲城父縣主簿。					遂平令	樂源縣主簿	1.遷司天春官正、判司天監事。特遷尚書工部員外郎，賜五品服。 2.淳化初，與馬韶同判監，俱坐事，芝蘭出爲遂平令。卒，年六十。
周克明	南海人	開寶中，授司天台主簿景德中，賜進士出身。	1.曾祖：周德扶，唐司農卿。 2.祖：周傑，歷弘文館校書郎。 3.父：周傑，宋任司天監丞而卒。						天台主簿	1.景德三年，拜太子洗馬定中丞，皆兼翰林天文，又權判監事。 2.天禧元年，因病過世，年六十四。
馮文智	并州人	世以方技爲業，太平興國中，詔試補醫學，加樂源縣主簿							樂源縣主簿	1.端拱初，授少府監主簿，逾年轉醫官，加少府監丞。 2.淳化五年，御卿表薦之，賜緋，加光祿寺丞。 3.咸平三年，明德太后不豫，文智侍

										醫，既愈，加尚藥奉御，賜金紫。 4.六年，直翰林醫官院。東封，轉醫官副使。祀汾陰，加檢校主客員外郎。 5.大中祥符五年卒，年六十。
馬季良	開封府尉氏人	取茶商之女而補官							補越州上虞尉	1.改秘書省校書郎，知明州，入爲刑部詳覆官。 2.在遷太子中允，判三思度支勾院，以太常丞、直史館提舉在京諸司庫務，擢龍圖閣待制。 3.徙壽州致仕，還京師卒。
張堯佐	河南永安人	舉進士	溫成皇后世父。子：山甫，引進副使、樞密副都承旨。從弟：堯封孝謹，爲石州推官卒。次女即溫成皇后也。			憲州、筠州推官				1.後改大理寺丞。知汜水縣。 2.三司戶部判官，又爲副使。 3.後徙鎮天平軍，卒。
邢煥	開封人	以父任調孟州汜水縣主簿。					莫州司錄		汜水縣主簿	1.以勞改宣德郎、莫州司錄。移知開封府陽武縣，都大提舉開德、大名府堤埽。 2.歷開封府士、工、儀曹。 3.紹興二年卒。
王黼	開封祥符人	崇寧進士第					調相州司理參軍			1.薦擢校書郎，遷符寶郎、左司諫。 2.拜上書左丞、中書侍郎。 3.宣和元年，拜特進、少宰。 4.欽宗受禪，貶爲崇信軍節度副使。
蔡確	泉州晉江人	第進士	子：蔡渭爲馮京女婿。				邠州司理參軍			1.王安石薦爲三班主簿，用鄧綰薦，爲監察御史裏行。 2.元豐五年，拜尚書右僕射兼中書侍郎。 3.哲宗立，轉右僕射；元祐元年，始罷爲觀文殿學士、知陳州。 4.後遭左諫議大夫張燾等連上章乞正確罪。之後卒於貶官之所。

邢恕	鄭州陽武人	登進士第	子：居實、倞						永安主簿	1.呂公著薦於朝，得崇文院校書。 2.哲宗立，遷右司員外郎，後因得罪蔡確，貶爲永州監酒。 3.紹聖出，擢爲寶文閣待制、知青州。 4.蔡京當國，連徙永昌、穎昌、眞定，循奪職，後復顯謨閣待制，卒。
呂惠卿	泉州晉江人	起進士	父璹習吏事，爲漳浦令。			眞州推官				1.熙寧初，擢太子中允、崇政殿說書、集賢校理，判司農寺。 2.元豐五年，家大學士、知太原府。 3.徽宗時，以觀文殿學士，醴泉觀使，致仕。
章惇	建州浦城人	進士登名，恥出姪衡下，委勅而出再舉甲科。	父：章俞徙蘇州起家至職方郎中致仕，用惇貴累官，銀青光祿大夫，年八十九卒。				貶雷州司戶參軍	調商洛令		1.元豐三年拜參知政事；後召拜門下侍郎。 2.蘇轍謫雷州，不許占官舍，遂僦民屋，惇又以爲強奪民居，後徙睦州，卒。
曾布	南豐人	年十三而孤，學於兄鞏，同登第	兄：曾鞏				宣州司戶參軍↓貶爲廉州司戶參軍	懷仁令		1.熙寧二年，授太子中允、崇政殿說書，加集賢校理、判司農寺。 2.紹聖初，徙江寧，過京留爲翰林學士遷承旨兼侍。拜同知樞密院進知院。 3.章惇爲相，布草制極其稱美，冀惇引爲同省執政，惇忌之止薦，居樞府。 4.大觀元年，卒於潤州，年七十二。
蔡京	興州仙遊人	登熙寧三年進士第	子八人，儵先死，攸、翛伏誅，絛流白州死，鞗以尙帝姬免竄，餘子及諸孫皆分徙遠惡。			舒州推官			錢塘尉	1.累遷起居郎，拜中書舍人。 2.紹聖出，入權戶部尙書。 3.徽宗立，罷爲端明、龍圖兩學士。 4.宣和二年致仕。 5.欽宗即位，貶爲崇信、慶遠軍節度副使、衡州安置，又徙韶、儋二州，行至潭州，死。
蔡卞	興化仙游人	與蔡京同年登科。	1.蔡京之弟。 2.王安石妻以女，因從之學。						江陰主簿	1.元豐中，擢起居舍人。王安石執政親嫌辭。拜中書舍人兼侍講，進給事中。

										2.哲宗立，遷禮部侍郎。 3.紹聖四年，拜尚書左丞。 4.政和末，卒。
李仲翊	徐州人	大中祥符二年，賜進士出身。	南唐李氏之後			楚州推官				累遷殿中丞，坐事免。
舒元	穎州沈丘人	南唐時爲官	子：知白、知雄、知崇。					江寧令（事李景）		1.開寶五年爲白波兵馬都監。 2.太平興國二年，卒。
幸寅遜	蜀人						茂州錄事參軍	新都令		1.拜司門郎中、知制誥、中書舍人。 2.開寶五年，鎮國軍行軍司馬，罷職，九十餘，尙有仕進意，治裝赴闕，爲登路而卒。
衛融	青州博興人	後晉天福初，舉進士			忠武軍掌書記（後晉）				南樂主簿（後晉）	1.後漢爲中書侍郎、平章事。 2.乾德初，改司農卿，出知陳舒、黃三州。 3.太祖開寶六年卒，年六十九。
趙文度	薊州漁陽人	入洛舉進士	父玉嘗客滄州，依節度判官呂兗。		河東掌書記（後漢）					1.太祖開寶二年，授檢校太傅、安國軍節度使，歲餘徙華州，不宣制而告敕同宣制之例。又徙耀州，凡歷三鎭。 2.太祖開寶七年，卒，年六十一。
李觀象	桂州臨桂人				署爲掌書記					太祖時爲左補闕。

參考書目

一、古籍部分：

（一）正史

1. 〔西漢〕司馬遷撰，〔劉宋〕裴駰集解，〔唐〕司馬貞索隱，〔唐〕張守節正義《新校本史記》，臺北：鼎文書局，1980 年。
2. 〔東漢〕班固撰，〔唐〕顏師古注，《新校本漢書》，臺北：鼎文書局，1981 年。
3. 〔南朝宋〕范曄撰，《新校本後漢書》，臺北：鼎文書局，1977 年。
4. 〔晉〕陳壽撰，〔劉宋〕裴松之注，《新校本三國志》，臺北：鼎文書局，1981 年。
5. 〔唐〕房玄齡等撰，《新校本晉書》，臺北：鼎文書局，1976 年。
6. 〔隋〕姚察、〔唐〕魏徵、姚思廉合撰，《新校本陳書》，臺北：鼎文書局，1980 年。
7. 〔唐〕李延壽撰，《新校本北史》，臺北：鼎文書局，1980 年。
8. 〔唐〕魏徵撰，《新校本隋書》，臺北：鼎文書局，1976 年。
9. 〔後晉〕劉昫撰，《新校本舊唐書》，臺北：鼎文書局，1976 年。
10. 〔宋〕歐陽修、宋祁撰，《新校本新唐書》，臺北：鼎文書局，1976 年。
11. 〔宋〕薛居正等撰，《新校本舊五代史》，臺北：鼎文書局，1985 年。
12. 〔宋〕歐陽修撰，徐無黨注，《新校本新五代史》，臺北：鼎文書局，1976 年。
13. 〔清〕吳任臣，《十國春秋》，收錄於《新校本新五代史》，臺北：鼎文書局，1976 年。
14. 〔元〕脫脫等撰，《新校本宋史》，臺北：鼎文書局，1978 年。

15. 〔宋〕錢若水，《宋太宗皇帝實錄殘本》，收錄於《新校本宋史》，臺北：鼎文書局，1978年。

（二）典籍：

1. 不著撰人，《元豐官制》（不分卷），臺北：文海出版社，1981年。
2. 不著撰人，《宋大詔令集》，（北京：中華書局，1962年。
3. 〔宋〕王欽若等撰，《冊府元龜》，北京：中華書局影印本。
4. 〔宋〕王溥撰，《唐會要》，臺北：世界書局，民49年。
5. 〔宋〕王溥，《五代會要》，臺北：世界書局，民49年。
6. 〔宋〕，王應麟，《玉海》，臺北：華文書局總發行。
7. 〔宋〕朱熹，《五朝名臣言行錄》，《四部叢刊初編》本。
8. 〔宋〕李燾撰，《續資治通鑑長編》，北京：中華書局，1979～1995第一版。
9. 〔宋〕李燾撰、黃以周輯注，《續資治通鑑長編拾補》，北京：中華書局，2004年。
10. 〔宋〕李心傳，《建炎以來朝野雜記》，北京：中華書局。
11. 〔宋〕李攸，《宋朝事實》，收錄於趙鐵寒主編，宋史資料粹編第一輯，台北：文海出版社，民56年。
12. 〔元〕李埴，《皇宋十朝綱要》，臺灣文海出本社宋史資料萃編本。
13. 〔宋〕江少虞編，《宋朝事實類苑》，上海：古籍出版社，1981年。
14. 〔宋〕林駉、黃履翁，《古今源流至論．續集》，四庫全書珍本十二集。
15. 〔宋〕林駉、黃履翁，《古今源流至論．別集》，四庫全書珍本十二集。
16. 〔唐〕杜佑撰，王文錦等點校，《通典》，北京：中華書局，1988第一版。
17. 〔宋〕司馬光編著，〔元〕胡三省音注，《資治通鑑》，北京：古籍出版社，1956第一版。
18. 〔唐〕長孫無忌，劉俊文點校，《唐律疏議》，臺北：弘文館出版社，1986年初版。
19. 〔清〕徐松（輯），《宋會要輯稿》，臺北：世界書局，民53年。
20. 〔清〕清高宗，《欽定續通典》，四庫全書本。
21. 〔晉〕袁宏撰，《後漢紀》，台北：商務印書館。
22. 〔元〕馬端臨撰，《文獻通考》，臺北：臺灣商務印書館，1987台一版。
23. 〔元〕郝經，《續後漢書》，北京：中華書局，1985年。
24. 〔宋〕孫逢吉，《職官分紀》，臺北：商務印書館，四庫全書珍本初集。
25. 〔唐〕唐玄宗敕撰，《大唐六典》，臺灣：文海出版社，民51年初版。

26. 〔宋〕陳鈞，《九朝編年備要》，臺北：商務印書館，四庫珍本七集。
27. 〔宋〕趙升，《朝野類要》，北京：中華書局，1985 年。
28. 〔元〕富大用，《古今事文聚類．外集》，京都：中文出版社，1982 年。
29. 〔元〕富大用，《古今事文聚類．遺集》，京都：中文出版社，1982 年。
30. 〔宋〕鄭樵，《通志》，臺北：新興書局發行。
31. 〔明〕馮琦，《宋史紀事本末》，臺北：商務印書館，民 45 年。
32. 〔明〕董説，《七國考》，四庫珍本第九集，臺北：商務印書館。
33. 〔清〕董誥等編，《全唐文》，北京：中華書局影印，1983 第一版。
34. 〔清〕董誥等編，《唐文拾遺》北京：中華書局影印，1983 第一版。
35. 〔唐〕歐陽詢，《藝文類聚》，臺北：新典出版社，民 49 年。
36. 傅璿琮等主編，《全宋詩》，北京：北京大學出版社，1991 第一版。
37. 《歷代石刻史料彙編》，北京：北京圖書館，第七至第十冊。

（三）地方志：

1. 〔元〕元桷，《延祐四明志》，收錄於中華書局編輯部編，《宋元地方叢書》，北京：中華書局，1990 年第一版。
2. 〔清〕阮元，《兩浙金石志》，石刻史料新編（十四），臺北：新文豐出版。
3. 〔元〕俞希魯，《至順鎮江志》，《宋元地方叢書》，北京：中華書局，1990 年。
4. 〔宋〕施宿，《嘉泰會稽志》，《宋元地方叢書》，北京：中華書局，1990 年。
5. 〔元〕徐碩，《至元嘉禾志》，《宋元地方叢書》，北京：中華書局，1990 年。
6. 〔元〕陳耆卿，《嘉定赤城志》，《宋元地方叢書》，北京：中華書局，1990 年。
7. 〔宋〕梁克家，《淳熙三山志》，《宋元地方叢書》，北京：中華書局，1990 年。
8. 〔宋〕梅應發、劉錫同撰，《至正四明續志》，《宋元地方叢書》，北京：中華書局，1990 年。
9. 〔宋〕談鑰，《嘉泰吳興志》，《宋元地方叢書》，北京：中華書局，1990 年。
10. 〔宋〕樂史，《宋本太平寰宇記》，北京：中華書局，2000 年。
11. 〔宋〕盧憲，《嘉定鎮江志》，《宋元地方叢書》，北京：中華書局，1990 年。
12. 〔宋〕羅浚，《寶慶四明志》，《宋元地方叢書》，北京：中華書局，1990 年。

13. 〔宋〕羅願，《新安志》，《宋元地方叢書》，北京：中華書局，1990 年。

(四) 文集、奏議：

1. 〔宋〕王令，《廣陵集》，四庫全書本。
2. 〔宋〕王安石，《臨川先生文集》，四庫全書本。
3. 〔宋〕王禹偁，《小畜集》，臺北：商務印書館，民 57 年。
4. 〔宋〕文彥博，《潞公文集》，四庫全書本。
5. 〔宋〕田錫，《咸平集》，四庫全書本。
6. 〔宋〕司馬光，《溫國文正司馬文集》，臺北：商務印書館，四部叢刊集部。
7. 〔宋〕司馬光，《傳家集》，四庫全書本。
8. 〔宋〕宋祁，《宋景文集》，北京：中華書局，叢書集成初編，1985 年。
9. 〔宋〕李若穀，《隆平集》，北京：中華書局，叢書集成初編，1985 年。
10. 〔宋〕林表民，《赤城集》，四庫全書本。
11. 〔宋〕杜大珪，《名臣碑傳琬琰之集》，四庫全書本。
12. 〔宋〕沈遘，《西熙文集》，四庫全書本。
13. 〔宋〕周必大撰，《文忠集》，四庫珍本二集。
14. 〔宋〕包拯，《包孝肅奏議集》，四庫全書本。
15. 〔宋〕胡宿，《文恭集》，北京：中華書局，叢書集成初編，1985 年。
16. 〔宋〕范仲淹，《范文正公政府奏議》，收錄於李勇先主編，《范仲淹全集》，成都：四川大學出版社，2002 年。
17. 〔宋〕范仲淹，《范文正公年譜補遺》，收錄於李勇先主編，《范仲淹全集》，成都：四川大學出版社，2002 年。
18. 〔宋〕陸遊，《渭南文集》，四庫全書本。
19. 〔宋〕陸佃，《陶山集》，北京：中華書局，叢書集成初編，1985 年。
20. 〔宋〕畢仲遊，《西台集》，《四庫輯本別集拾遺》。
21. 〔宋〕俞文豹，《吹劍錄外集》，北京：中華書局，1985 年。
22. 〔宋〕強至，《祠部集》，北京：中華書局，叢書集成初編，1985 年。
23. 〔宋〕張方平，《樂全集》，四庫全書本。
24. 〔宋〕黃庶，《伐檀集》，四庫全書本。
25. 〔宋〕黃淮、楊士奇，《歷代名臣奏議》，臺北：學生書局，1985 年。
26. 〔宋〕趙汝愚，《宋朝諸臣奏議》，上海：上海古籍出版社，1999 年。
27. 〔宋〕曾鞏，《元豐類稿》，四部備要，集部，中華書局，明刻本校刊。
28. 〔宋〕穆修，《穆參軍集》，四庫全書本。

29. 〔宋〕劉敞，《公是集》，四庫全書本。
30. 〔宋〕劉攽，《彭城集》，北京：中華書局，叢書集成初編，1985年。
31. 〔宋〕劉摯，《忠肅集》，北京：中華書局，叢書集成初編，1985年。
32. 〔宋〕歐陽修，《歐陽文忠公集》，中華書局，據匋齋校刊本。
33. 〔宋〕蘇軾，《東坡應詔集》，《四庫備要》，中華書局，據匋齋校刊本。
34. 〔宋〕蘇軾，《東坡七集》，《四庫備要》，中華書局，據匋齋校刊本。
35. 〔宋〕蘇洵，《嘉佑集》，《四部叢刊初編》本。
36. 〔宋〕蘇軾，《蘇軾全集．文集》，上海：上海古籍出版社，2000年標校本。
37. 〔宋〕蘇轍，《欒城集》，《四部叢刊初編》本。
38. 〔宋〕蘇頌，《蘇魏公文集》，《四部叢刊初編》本。
39. 〔宋〕魏泰，《東軒筆錄》，北京：中華書局，1985年。
40. 〔明〕錢穀撰，《吳都文粹續集》，王雲五主編《四庫珍本》初集。

（五）筆記、其他：

1. 不著編撰人，《吏部條法殘本》，臺北：文海出版社，1981年。
2. 不著撰人，《名公書判清明集》，北京：中華書局，1987年。
3. 不著撰人，《慶元條法事類》，臺北：新文豐出版社，民65年。
4. 〔宋〕王銍，《默記》，北京：中華書局，1981年。
5. 〔宋〕王辟之，《澠水燕談錄》，北京：中華書局，1981年。
6. 〔宋〕王栐，《燕翼詒謀錄》，北京：中華書局，1981年。
7. 〔宋〕王明清，《揮麈錄》，北京：中華書局，1961年一版。
8. 〔宋〕司馬光，《涑水記聞》，北京：中華書局，1989年。
9. 〔明〕朱希召，《宋曆科狀元錄》，收錄于王民信主編，宋史資料萃編第四輯，臺北：文海出版社。
10. 〔宋〕孔仲武，《清江三孔集》，北京：中華書局。
11. 〔宋〕宋敏求，《春明退朝錄》，北京：中華書局，1988年。
12. 〔宋〕宋慈著，楊奉琨校譯，《洗冤集錄》，北京：群眾出版社，1982第二刷。
13. 〔宋〕呂祖謙編，齊治平點校，《宋文鑒》，北京：中華書局。
14. 〔宋〕洪邁著，《容齋隨筆》，上海：古籍出版社，1978年一版。
15. 〔宋〕洪邁著，《容齋續筆》，上海：古籍出版社，1978年一版。
16. 〔宋〕洪邁著，《容齋三筆》，上海：古籍出版社，1978年一版。
17. 〔宋〕洪邁著，《容齋四筆》，上海：古籍出版社，1978年一版。

18. 〔宋〕洪邁著，《容齋五筆》，上海：古籍出版社，1978年一版。
19. 〔宋〕洪邁著，《夷堅志》，收入王雲五主編《叢書集成初編》，上海：商務印書館，1937年。
20. 〔宋〕吳曾撰，《能改齊漫錄》，收入王雲五主編《叢書集成初編》，上海：商務印書館，1936年。
21. 〔宋〕周輝，《清波雜誌》，北京：中華書局，1994第一版。
22. 〔宋〕徐自明，《宋宰輔編年錄》，收錄於趙鐵寒教授主編，《宋史資料萃編第二輯》，臺北：文海出版社，民56年，台初版。
23. 〔宋〕邵伯溫撰，《邵氏聞見錄》，北京：中華書局，1997年12月，第二刷。
24. 〔宋〕高承，《事物紀原》，四庫全書本。
25. 〔宋〕章如愚，《群書考索·後集》，四庫全書本。
26. 〔清〕永瑢等奉敕修纂，《歷代職官志》，北京：中華書局，1985年，叢書集成初編。
27. 〔宋〕彭百川《太平治跡統類》，台北：成文出版社，校玉玲瓏閣鈔本。
28. 〔宋〕陸遊，《老學庵筆記》，北京：中華書局，1997年第二刷。
29. 〔宋〕葉夢得，《石林燕語》，北京：中華書局，1984年。
30. 〔宋〕趙彥衛，《雲麓漫鈔》，北京：中華書局，1996年。
31. 〔宋〕鄭克編撰，劉俊文譯注點校《折獄龜鑑》，上海：古籍出版社，1988年一版。
32. 〔宋〕魏泰，《東軒筆錄》，北京：中華書局，1983第一版。
33. 〔宋〕黎靖德編，王星賢點校，《朱子語類》，臺北：華世出版社，1987年。
34. 〔宋〕謝維新，《古今合璧事類備要·後集》，臺北：新興書局，1971年。
35. 〔宋〕竇儀，《宋刑統》，臺北：新寧出版社，民74年。
36. 〔清〕顧炎武著，《日知錄》，臺北：文史哲出版社，1984年。

二、近人著書：

（一）專書：

1. 王建秋，《宋代太學與太學生》（臺北：中國學術著作獎助委員會），1965年。
2. 王德毅，《宋會要輯稿人名索引》，臺北：新文豐出版社，1978年。
3. 王亞南，《中國官僚政治研究》，北京：中國社會科學出版社，1981年。
4. 王天有，《中國古代官制》，臺北：商務印書館，1994年。

5. 王雲海主編，《宋代司法制度》，河南：河南大學出版社，1992 年。
6. 王壽南，《唐代藩鎮與中央關係之研究》，臺北：大化出版社，民 67 年，
7. 王壽南，《唐代政治史論集》（增定本），臺北：商務印書館，2004 年 04 月。
8. 毛漢光，《魏晉南北朝士族政治之研究》，中國學術著作獎助委員會出版，民 55 年 7 月初版。
9. 方豪，《宋史》（一），臺北：華岡出版社，民 68 年。
10. 石雲濤，《唐代幕府制度研究》，北京，中國社會科學院出版社，2003 年。
11. 朱開宇，《科舉社會、地域秩序與宗族發展－宋明間的徽州，1000～1644》，臺北：臺灣大學文學院，民 93 年 8 月。
12. 包偉民，《宋代制度研究百年》，北京：商務印書館，2004 年。
13. 包弼德，《斯文：唐宋思想的轉變》，江蘇：江蘇人民出版社，2001 年。
14. 白鋼，《中國政治制度史》，天津：天津人民出版社，2002 年。
15. 衣川強，《宋代文官俸給制度》，臺北：臺灣商務印書館，1977 年。
16. 任爽主編，《十國典制考》，北京：中華書局，2004 年 10 月。
17. 孔令紀等人主編，齊魯書社出版發行，《中國歷代官制》，濟南：日照報業印刷有限公司印刷，2004 年第五次印刷。
18. 朱瑞熙，《中國政治制度通史》，第六卷，宋代，人民出版社，1996 年。
19. 杜維運，《史學方法論》，臺北：華世出版社，民 74 年。
20. 李鐵，《中國古代行政管理體制研究》，光明日報出版社，1988 年出版。
21. 李弘祺，《宋代官學教育與科舉》，臺北：聯經出版公司，民 82 年。
22. 李東民，《現行考銓制度》，臺北：五南圖書公司，民 85 年。
23. 李治安，《唐宋元明清中央與地方關係研究》，天津，南開大學出版社，1996 年。
24. 李喬，《中國的師爺》，臺北：商務印書館，1998 年。
25. 李勇先，《宋代添差官制度研究》，四川：天地出版社，2000 年。
26. 呂宗力，《中國歷代官制大辭典》，北京：北京出版社，1994 年一版。
27. 邱添生，《唐宋變革期的政經與社會》，臺北：文津出版社，1999 年。
28. 吳松弟，《中國移民史》，第四卷，宋遼金元時期，福建，福建人民出版社，1997 年。
29. 吳宗國主編，《中國古代官僚政治制度研究》，北京：北京大學出版社，2004 年 11 月一版。
30. 何懷宏，《秦漢至晚清歷史的一種社學學闡釋》，北京：三聯書店，1998 年 12 月。

31. 昌彼得等編，《宋人傳寄資料索引》，六冊，臺北：鼎文書局，民 61 年。
32. 林瑞翰，《宋代政治史》，臺北：正中書局，民 78 年。
33. 周愚文，《宋代的州縣學》，臺北：國立編譯館，民 85 年。
34. 周臘生，《宋代狀元奇談 · 宋代狀元譜》，北京：紫金城出版社，1999 年。
35. 商立文，《中國歷代地方制度史》，臺北：正中書局，民 69 年。
36. 許倬雲，《先秦社會研究》，"Ancient China in Tradition An Analysis of Mobility 722～222B.C" Stanford University Press, 1955。
37. 陳義彥《北宋統治階層社會流動之研究》，臺北：嘉新水泥公司文化基金會，1977 年。
38. 陳正祥，《中國歷史文化地理》，上冊，臺北：南天書局，民 84 年。
39. 陳志堅，《唐代州郡制度研究》，上海，上海古籍出版社，2005 年 9 月。
40. 苗春德主編，《宋代教育》，開封：河南大學出版社，1992 年。
41. 苗書梅，《宋代官員選任和管理制度》，河南：河南大學出版社，1996 年。
42. 孫國棟，《唐代中央重要文官專轉途徑研究》，香港，龍門書局印行，1978 年。
43. 孫文良，《中國官制史》，臺北：文津出版社，民 82 年。
44. 袁征，《宋代教育》，廣州：廣州高等教育出版社，1991 年。
45. 祝尚書，《宋人別集敘錄》，北京：中華書局，1999 年。
46. 禚夢庵，《宋代人物與風氣》，臺北：商務印書館，1996 年第二版。
47. 梁方仲，《中國歷代户口、田賦統計》，上海：人民出版社，1993 年。
48. 陳茂同，《歷代職官沿革史》，上海：華東師範大學出版社，1988 年。
49. 屈超立，《宋代地方政治民事審判職能研究》，成都：巴蜀書社，2003 年。
50. 黄留珠，《中國古代選官制度述略》，陝西人民出版社，1989 年。
51. 黃崇嶽主編，《中國歷朝行政管理》，北京人民大學出版，1997 年 10 月。
52. 程民生，《宋代地域經濟》，臺北：昭明出版社，1999 年台一版。
53. 程民生，《宋代地域文化》，開封：河南大學出版社，1997 年 08 月一版。
54. 曾小華，《中國古代任官資格制度與官僚制度》，杭州：杭州大學出版，1997 年。
55. 陶晉生，《宋僚金元史新編》，臺北：稻鄉出版社，民 92 年 10 月。
56. 陶晉生，《北宋士族一家庭 · 婚姻 · 生活》，臺北：中央研究院歷史語言所，民 90 年。
57. 廖隆盛，《國策、貿易、戰爭：北宋與遼夏關係研究》，臺北：萬卷樓，民 91 年。

58. 梁天錫，《宋代祠祿制度考實》，臺北：學生書局，民 67 年。
59. 梁庚堯，《宋代社會經濟史論集》，臺北：允晨文代，1987 年。
60. 游彪，《宋代蔭補制度研究》，北京：中國社會出版社，2001 年。
61. 張國剛，《唐代藩鎮研究》，湖南：教育出版社出版，1987 年 12 月。
62. 張晉藩主編，朱勇副主編，《中國法制史研究綜述》，北京：中國人民公安大學出版社，1990 年。
63. 張晉藩，《中國官制通史》，北京，人民大學書版社，1992 年 10 月。
64. 張複華，《北宋中期以後之官制改革》，臺北：文史哲出版社，1991 年。
65. 張希清，《宋朝典制》，長春：吉林文史諸版社，1997 年 12 月。
66. 張金銑，《元代地方行政制度研究》，合肥：安徽大學出版社，2003 年。
67. 郭武雄，〈五代史料探源〉，臺北：臺灣商務印書館，1996 年二版。
68. 郭黎安編著，《宋史地理志彙釋》，安徽：安徽教育出版社，2003 年。
69. 郭東旭，《宋代法制研究》，保定：河北大學出版社，2000 年。
70. 楊樹藩，《宋代文官制度之研究》，影印手稿本，民 54 年。
71. 楊樹藩，《宋代中央政治制度》，臺北：臺灣商務印書館，1977 年。
72. 楊樹藩，《中國官制通史》，北京：人民大學書版社，1992 年 10 月。
73. 楊志玖，《中國古代官制講座》，臺北：萬卷樓，民 86 年。
74. 鄭學檬，《五代十國史研究》，上海：人民大學出版社，1991 年。
75. 趙曉耕，《宋代官商及其法律調整》，北京：中國人民出版社，2001 年。
76. 賴瑞和，《唐代基層文官》，臺北：聯經出版公司，2004 年。
77. 鄧小南著、吳定國審定，《課績．資格．考察－唐宋文官考核制度側談》，河南：大象出版社，1997 年。
78. 鄧小南，《宋代文官選任制度諸多層面》，石家莊：河北教育出版社，1993 年。
79. 戴傳華，《唐方鎭文職僚佐考》，天津：天津古籍出版社，1994 年。
80. 戴建國，《宋代法制初探》，哈爾濱：黑龍江人民出版社，2000 年。
81. 寧欣，《唐代選官研究》，臺北：文津出版社，民 84 年。
82. 賴瑞和，《唐代基層文官》，臺北：聯經出版公司，2004 年。
83. 顧立誠，《走向南方－唐宋之際自北向南的移民與其影響》，臺北：臺灣大學書版委員會，民 92 年。
84. 賈志揚，（John W. Chaffee）," The Thorny Gate of Learning in Sung Dynasty “,（Cambridge：Cambridge University Press, 1985）。此書中譯本爲《宋代科舉》，臺北東大圖書股份有限公司，民 84 年。

85. 賈玉英，《宋代監察制度》，河南：河南大學出版社，1996 年。
86. 廖從雲，《中國歷代縣制考》，臺北：中華書局，民 58 年。
87. 臧雲浦、朱崇業、王雲度，《歷代官制、兵制、科舉表釋》，江蘇：江蘇古籍出版社，1997 年 4 印刷。
88. 劉作驥，《宋代政教史》（下冊），臺北：中華書民，民 60 年。
89. 劉欽仁主編，《主國的宏規》，臺北：聯經出版公司，1982 年。
90. 劉子健，《兩宋史研究彙編》，臺北：聯經出版公司，1987 年。
91. 劉海峰，《唐代教育與選舉制度縱論》，臺北：文津出版社，民 80 年。
92. 劉馨珺，《明鏡高懸－南宋縣衙的獄訟》，臺北：五南出版，2005 年。
93. 藍勇，《中國歷史地理學》，北京：高等教育出版社，2002 年 08 月。
94. 嚴耕望，《中國地方行政制度史》上編（三），卷中：魏晉南北朝地方行政制度上冊，中央研究院歷史語言研究所專刊之四十五，民 52。
95. 龔延明，《宋代官制辭典》，北京：中華書局，1997 年。

（二）期刊與論文

A.期刊

1. 丁凌華，〈宋代寄祿官制度初探〉，《中國史研究》，1986 年，第 4 期，頁 73～84。
2. 王明蓀，〈地靈人傑－歷代學風的地理分佈〉，收錄於《中國文化新論學術篇－浩瀚的學海》，臺北：聯經出版公司，民 70，頁 411～462。
3. 王世農，〈宋代通判略論〉，《山東師大學報》，1990 年第 3 期。
4. 王先明，〈近十年中國社會研究述評〉，《中國史學》，卷六，1996 年 12 月，頁 95～108。
5. 王雲海，苗書梅，〈宋朝幕職州縣官及其改官制度〉，載《慶祝鄧廣銘先生九十華誕論文集》，河北：河北教育出版社，1997 年，頁 207～218。
6. 王德權，〈試論唐代散官制度成立過程〉，《唐代文化研討會論文集》，頁 843～906。
7. 王德權，〈從“漢縣”到“唐縣”－三至八世紀河北政治體系變動的考察〉，《唐研究》，第五卷，1999 年，北京：北京大學出版社，頁 161～217。
8. 刁培俊，〈當代中國學者關於宋代職役制度研究的回顧與展望〉，《漢學研究通訊》，第 22 卷，第 3 期，民 92 年 08 月，頁 15～26。
9. 石雲濤〈唐開元時期邊鎮幕府僚佐辟署制度考論〉，《黃淮學報》（哲學社會科學版），第 12 卷，第 4 期，1996 年，頁 75～79
10. 石雲濤，〈唐開元、天寶時期邊鎮僚佐辟署制度〉，《唐研究》，第七卷，北京：北京大學出版社，2001 年，頁 389～420。

11. 毛漢光，〈中古官僚選制與世族權利的變化〉，許倬雲、毛漢光及劉翠溶主編，《第二屆中國社會經濟史討論會論文集》，臺北：漢籍研究資料及服務中心印行，民72年，頁57～88。
12. 毛漢光，〈中古官僚選制與世族權利的轉變〉，《唐史研究論集》，第一輯，臺北：新文豐出版社，民81年，頁283～324。
13. 毛漢光，〈五代政治延續與政權轉移〉，收錄于毛漢光著，《中國中古政治史論》，上海：上海書局初版社，2002年，頁418～474。原刊登載于《史語所集刊》，第五十一本第二分。
14. 朱瑞熙，〈宋代幕職州縣官的薦舉制度〉，《文史》，第27輯，1987年，頁67～88。
15. 朱瑞熙，〈宋代官員回避制度〉，《中華文史論叢》，第48輯，1991年，頁155～172。
16. 朱瑞熙，〈宋代官員禮物饋贈管理制度〉，《學術月刊》，2001年，第2期，頁52～59。
17. 李弘祺，〈宋朝教育及科舉散論－謙評三本有關宋代教育及科舉的書〉，《思與言》，第13期第一卷，民64年，頁15～27。
18. 李弘祺，〈宋代教育與科舉的幾個問題〉，《香港中文大學中國文化研究所學報》，第10期第一卷，民68年，頁105～128。
19. 李弘祺，〈宋代科舉中的解額制度及其社會意義〉，《香港中文大學中國文化研究所學報》，第13期，民71年，頁287～318。
20. 李弘祺，〈宋代官員數的統計〉，《食貨月刊》，14卷5、6期，民73年06月，頁227～239。
21. 李昌憲，〈略論宋代知州制的形成及其歷史意義〉，《南京大學學報》(哲學、人文、社會科學)，1996年第4期，頁73～76。
22. 李立，〈宋代縣主簿初探〉，《城市研究》，1995年04期，頁59～64。
23. 李曉，〈宋朝政治購買的行政管理體系〉，姜錫東等主編《宋史研究論叢》，第六輯，保定：河北大學出版社，2005年04月，頁84～118。
24. 李裕民，〈唐代州制是如何演變爲明代府制的－宋代地方行政建置研究〉，《中國歷史地理論叢》，第16卷2輯，2001年06月，頁51～58。
25. 衣川強著，鄭梁生譯，〈以文臣爲中心論宋代路俸給〉(上)，《食貨月刊》，第4卷，第5期，頁202～232。
26. 衣川強著，鄭梁生譯，〈以文臣爲中心論宋代路俸給〉(下)，《食貨月刊》，第4卷，第6期，頁233～253。
27. 杜文玉，〈五代選官制度研究〉，《中國史研究》，2002年3期，頁95～110。
28. 杜文玉，〈五代俸祿制度初探〉，《人文雜誌》，2003年06月，頁105～114。

29. 金中樞，〈宋初嚴懲贓吏〉，《成大歷史學報》第 3 期，台南：成功大學歷史系編，民 65 年 7 月出版，頁 55～91，相關論文亦收錄于《宋史研究集》，第二十二輯，頁 21～63。
30. 金中樞，〈北宋選人七階試論〉，宋史研究座談會編，《宋史研究集》第九輯，臺北：中華書局，頁 269～276。
31. 金中樞，〈從司馬光十科舉士看北宋的舉官制度〉，《新亞書院年刊》，第 9 期，頁 75～94，亦可參見《宋史研究集》第十九輯，頁 31～48。
32. 金中樞，〈宋代科舉制度研究〉（上），收錄于《宋史研究集》，第十一輯，臺北：國立編譯館中華叢書編輯委員會，民 68 年，頁 1～71。
33. 金中樞，〈宋代科舉制度研究〉（下），收錄于《宋史研究集》，第十二輯，臺北：國立編譯館中華叢書編輯委員會，民 69 年，頁 31～112。
34. 金中樞，〈北宋科舉制度研究續（上）－進士諸科之解省試法（上）〉，收錄於《宋史研究集》，第十三輯，臺北：國立編譯館中華叢書編輯委員會，民 70 年，頁 6～17。
35. 金中樞，〈北宋科舉制度研究續（下）－進士諸科之解省試法（下）〉，收錄於《宋史研究集》，第十四輯，臺北：國立編譯館中華叢書編輯委員會，民 72 年，頁 53～190。
36. 金中樞，〈北宋科舉制度研究再續－進士諸科之殿試試法（上）〉，收錄於《宋史研究集》，第十五輯，臺北：國立編譯館中華叢書編輯委員會，民 73 年，頁 125～188。
37. 金中樞，〈北宋科舉制度研究再續－進士諸科之殿試試法（中）〉等著作，相關研究收錄于《宋史研究集》，收錄于《宋史研究集》第十六輯，臺北：國立編譯館中華叢書編輯委員會，民 75 年，頁 1～125。
38. 金毓黼，〈宋代官制與行政制度〉，《宋遼金元史論集》，香港：崇文書局印行，1977 年：頁 87～165。
39. 金圓，〈宋代州縣守令的考核制度〉，收錄於鄧廣銘主編，《宋史研究論文集》，杭州：杭州人民出版社，1987 年，頁 297～307。
40. 金瀅坤，〈中晚唐銓選制度變化與科舉及第入幕的關係〉，《人文雜誌》，2002 年 04 期，頁 110～115。
41. 金宗燮，〈五代時期中央對地方的政策研究－以對州縣政策爲主〉，收錄於張國剛主編，《中國中古史論集》，天津：天津古籍初版社，2003 年 9 月，頁 388～401。
42. 金宗燮，〈五代政局變化與文人出仕觀〉，《唐研究》，第九卷，北京：北京大學出版社，2003 年，頁 491～507。
43. 林瑞翰，〈宋代官制探微〉，《宋史研究集第九輯》，臺灣：中華叢書編審委員會，民 66 年 05 月，頁 199～267。

44. 林煌達，〈宋代堂後官初探〉，《漢學研究》，卷21，第1期，2003年，頁225～252。
45. 林煌達，〈宋初政權與南方諸降國臣子的互動關係〉，《東吳歷史學報》，12期，民國93年12月，頁129～157。
46. 林煌達，〈宋代縣衙主簿初探〉，《中國史學》，第14卷，2004年9月，頁87～106。
47. 林煌達，〈宋代州衙錄事參軍〉，《唐研究》，第十一卷，北京：北京大學出版社，2000年12月，頁459～484。
48. 汪盛鐸，〈宋朝文官俸錄與差遣〉，收錄於鄧廣銘，漆俠主編《中日宋史研討會中古論文選編》，河北：河北大學出版社，1995年05月，頁181～193。
49. 汪盛鐸，〈關於宋代祠錄制度的幾個問題〉，《宋遼金元史》，1998年，第4期，頁107～115。
50. 余蔚，〈宋代的節度、防禦、團練、刺史州〉，《中國歷史地理論叢》，第17卷1輯，2002年3月，頁65～74。
51. 余蔚，〈唐至宋節度、觀察、防禦、團練、刺史體系的演變〉，收錄于李國昌、趙昌平主編，《中華文史論叢》，總集第七十一輯，上海：上海古籍出版社，2003年05月，頁145～182。
52. 余蔚，〈完整制與分離制：宋代地方行政權力的演變〉，《歷史研究》，2005年04期，頁118～130。
53. 余蔚，〈宋代的財政督理型准政區及其行政組織〉，《中國歷史地理論叢》，第20卷3輯，2005年07月，頁39～49。
54. 邢琳、李豔玲，〈宋代知縣、縣令考課制度述論〉，《許昌學院學報》，第23卷第1期，頁77～79
55. 何佑森，〈兩宋學風的地理分佈〉，《新亞學報》，第一卷，第1期，1955年，頁331～379。
56. 何忠禮，〈北宋擴大科舉取士的原因與冗官冗吏的關係〉，收錄於漆峽主編，《宋史研究論叢》，保定，河北大學出版社，1984年，頁87～106。
57. 何忠禮，〈宋代户部人口統計考察〉，《歷史研究》，1999年04期，頁83～98。
58. 何忠禮，〈二十世紀的中國科舉制度研究〉，《歷史研究》，2000年06期，頁142～155。
59. 何冠環，〈宋初三朝武將的量化分析－北宋統制階層的社會流動現象新探〉，收錄于《宋代武將研究》，香港：中華書局，2003年，頁1～23。
60. 谷更有，〈隋唐時期國家掌控鄉村權力之反復〉，《河北學刊》，第25，第3期，2005年5月，頁99～104。

61. 邱澎生，〈以法爲名－訟師與幕友對明清法律秩序的衝擊〉，《新史學》，15 卷 4 期，2004 年 12 月，頁 93～148。
62. 苗書梅，〈論宋代的權攝官〉，《河南大學學報》（社會科學版），第 3 卷，第 3 期，1995 年，頁 14～20。
63. 苗書梅，〈宋代任官制度中的薦舉保任法〉，《河南師範大學學報》（哲學社會科學版），23 卷，第 5 期，1996 年，頁 38～42。
64. 苗書梅，〈宋代知州及其職能〉，《史學月刊》，1998 年，第 6 期，頁 43～47。
65. 苗書梅，〈宋代州級屬官體制初探〉，《中國史研究》，2002 年 3 月，頁 111～126。
66. 苗書梅，〈宋代縣級公吏制度初探〉，《文史哲》，2003 年，第 1 期，頁 124～129。
67. 余保中，〈宋代科舉至對社會分層與垂直流動的作用探析〉，《社會學研究》，1993 年 6 期，頁 80～83。
68. 吳建華，〈科舉下進士的社會結構和社會流動〉，《蘇州大學學報》（哲學社會科學版），1994 年第 1 期，頁 99～103。
69. 吳建華，〈科舉下進士的社會功能〉，《蘇州大學學報》（哲學社會科學版），1995 年第 1 期，頁 90～97。
70. 吳雅婷，〈回顧一九八〇年以來宋代基層社會研究－中文論著的討論〉，《中國史學》，12 卷，2002 年 10 月，頁 65～93。
71. 祖慧，〈宋代胥吏的選任與轉遷〉，《杭州大學學報》，1997 年，第 2 期，頁 72～77。
72. 祖慧，〈宋代胥吏出職與差遣制度研究〉，《浙江學刊》，1997 年，第 5 期，頁 118～121。
73. 祖慧，〈論宋代胥吏的作用與影響〉，漆俠主編，《宋史研究論叢（第三輯）》，保定，河北大學出版社，1998 年，頁 110～125。
74. 祖慧，〈宋代的選人世界〉，收錄於《岳飛研究》，第四輯，中華書局，1996 年 8 月出版，頁 461～488。
75. 柏樺，〈明代州縣官吏設置與州縣政治體制〉，《史學集刊》，2002 年第 3 期，頁 16～22。
76. 俞宗憲，〈宋代職官品階制度研究〉，《文史》，21 期，1983 年，頁 101～133。
77. 高明士，〈李弘祺著〈宋代教育散論〉評介〉，《史學評論》，第四卷，民 71 年，頁 201～210。
78. 高美玲，〈宋代的胥吏〉，《中國史研究》，1988 年，第 2 期，頁 75～83。

79. 高聰明，〈從“羨餘”看北宋中央與地方財政關係〉，漆俠主編，《宋史研究論叢（第三輯）》，保定：河北大學出版社，1998 年，頁 199～213。
80. 陸敏珍，〈宋代縣丞初探〉，《史學月刊》，2003 年 11 期，頁 31～37。
81. 屈超立，〈宋代地方管理制度改革簡論〉，《西南民族學報》（人文社科），25 卷 11 期，2004 年 11 月，頁 307～309。
82. 柳立言，〈評 Beverly J. Bossler, Powerful Relations: Kinship, Status, and the State in Sung China（960～1279）〉，《台大歷史學報》第 24 期，1999 年，頁 433～443。
83. 柳立言，〈從官箴看宋代的地方官〉，《國際宋史研討會論文集》（臺北：中國文化大學，民 77 年），頁 393～417。本文亦收錄於《宋史研究集》，第二十一集，頁 117～154。
84. 姜錫東，〈試論宋代羈縻州的官封〉，《宋史研究論叢》第五輯，保定：河北大學出版社，2003 年，頁 121～131。
85. 孫國棟，〈宋代官制紊亂在唐代的淵源－宋代職官制逑宋代亂制根源辨〉，《中國學人》，第 1 期，香港新亞書院學報，民 59 年 03 月。
86. 孫國棟，〈唐宋之際社會門第之消融－唐宋之際社會轉變之一〉，《新亞學報》，第四卷第 1 期，頁 211～304。
87. 孫國棟，〈從北宋農政之失敗論北宋地方行政之弱點〉，《新亞書院學術年刊》，第 8 期，頁 123～146。
88. 姚穎艇，〈論慶曆新政對宋代吏制的改革〉，《史學月刊》，1988 年，第 1 期。
89. 曹福鉉，〈宋代官員人數的增加及其原因〉，《河北大學學報》（哲學社會科學版），第 24 卷，3 期，1999 年，頁 7～12。
90. 陳振，〈論宋代的縣尉〉，收錄于鄧廣銘主編，《宋史研究論文集》，杭州：杭州人民出版社，1984 年，頁 309～323。
91. 陳義彥，〈從布衣入仕的情況分析北宋布衣階級的社會流動〉，《思與言》。第 9 卷，第 2 期，頁 48～57
92. 陳雯怡，〈評“The Thorny Gate of Learning in Sung Dynast: A Social History of Examination”by John W. Chaffee〉，《中國文化研究所學報》，第五卷，民 85 年，頁 325～327。
93. 陳峰，〈“從文不換武”現象看北宋社會崇文抑武風氣〉，《中國史研究》，2001 年第 2 期，頁 97～106。
94. 陳寶良，〈明代幕賓制度初探〉，《中國史研究》，2001 年 2 期，頁 135～147。
95. 陳長征，〈北宋中央控馭地方的派出機構一路〉，《山東大學學報》（哲學社會科學版），2003 年 2 期，頁 38～41。

96. 翁俊雄，〈唐代的州縣等級制度〉，《北京師範學院學報》（社會科學版），1991 年 1 期，頁 9～18。
97. 程民生，〈論宋代科舉户籍制〉，《文史哲》，2002 年，第 6 期，頁 108～113。
98. 曾小華，〈宋代薦舉制度初探〉，《中國史研究》，1989 年，第 2 期，頁 41～51。
99. 曾小華，〈宋代磨勘制度研究〉，收錄於鄧廣銘主編，《宋史研究論文集－一九八四年會編刊》，浙江，浙江人民出版社，1987 年，頁 162～191。
100. 黃清連，〈唐代的文官考課制度〉，《唐史研究論集》，第一輯，臺北：新文豐出版社，民 81 年，頁 381～376。
101. 黃山松，〈略論宋代州縣官吏違法〉，《中共浙江省委黨校學報》，1999 年，第 5 期，頁 89～93。
102. 黃修明，〈論唐代縣政官員〉，《大陸雜誌》，第 101 卷，第 3 期，頁 1～12。
103. 黃寬重，〈南宋兩浙路的社會流動〉，《興大歷史學報》，創刊號，民 80 年，頁 59～74。
104. 黃寬重，〈宋代基層社會的武裝警備－弓手：從《名家書判清明集》中所見弓手資料談起〉，宋代官箴讀書會所編，《宋代社會與法律－〈名家書判清明集〉討論》，臺北：東大出版社，民 90 年。
105. 黃寬重，〈從中央與地方關係互動看宋代基層社會演變〉，《歷史研究》，2005 年 04 期，頁 100～117
106. 黃寬重，〈科舉社會下家族的發展與轉變－以宋代爲中心的觀察〉，《唐研究》，第十一卷，北京：北京大學出版社，2005 年，頁 337～351。
107. 馮培紅，〈敦煌文獻中的職官史料與唐五代藩鎮官制研究〉，《敦煌研究》，2001 年 3 期（總 69 期），頁 106～112。
108. 張邦煒，〈宋代避親避籍制度述評〉，《四川師範大學學報》，卷 1，第 1 期，1986 年，頁 16～24。
109. 張希清，〈論宋代科舉取士之多與冗官之問題〉，《北京大學學報》，1987 年 5 期，頁 105～116。
110. 張希清，〈論宋代恩蔭之濫〉，鄧廣銘，漆俠主編《中日宋史研討會中古論文選編》，保定，河北大學出版社，1991 年，頁 213～231。
111. 張國剛，〈唐代藩鎮軍隊的統兵體系〉，《魏晉南北朝隋唐史》，第六卷，頁 47～51。
112. 張瑞德，〈測量傳統中國社會流動問題方法的檢討〉，《食貨月刊》，第五卷第 9 期，頁 32～37。
113. 張其凡，〈關於「唐宋變革期」學說的介紹與思考〉，《暨南學報》（哲學社會科學版），2000 年第 1 期，頁 123～131

114. 張興武,〈五代政治文化的蛻變與轉型〉,《甘肅社會科學》,2004 年 2 期,頁 50～59。

115. 張廣達,〈內藤湖南的唐宋變革說及其影響〉,《唐研究》,第十一卷,北京:北京大學出版社,2005 年 12 月,頁 5～71。

116. 樊文禮,〈安史之亂以後的藩鎮形勢和唐代宗朝的藩鎮政策〉,《煙臺師範學報》(哲社版),1995 年 4 期,頁 40～45。

117. 漆俠,〈唐宋之際社會經濟關係的變革及其對文化思想所產生的影響〉,《宋學的發展與演變》,頁 53～81

118. 鄧小南,〈北宋文官磨勘制度初探〉,《歷史研究》,第 6 期,1986 年,頁 117～128。

119. 鄧小南,〈試論宋代資序體制的形成及其運作〉,《北京大學學報》(哲社版),第 2 期,1993 年,頁 44～53。

120. 鄧小南,〈宋代辟舉初探〉,收錄於鄧廣銘、漆俠主編《中日宋史研詩會中古論文選編》,保定,河北大學出版社,頁 194～212。

121. 鄧小南,〈略談宋代對地方官員政績之考察機制的形成〉,載《慶祝鄧廣銘先生九十華誕論文集》,河北:河北教育出版社,1997 年,頁 239～247。

122. 梁庚堯,〈南宋官户與士人的城居〉,《新史學》,第 1 卷第 2 期,民國 79 年,頁 39～84

123. 梁庚堯,〈豪強與長者:南宋官户與士人居鄉的兩種形象〉,《新史學》,第 4 卷,第 4 期,民 82 年 12 月,頁 45～95。

124. 梁庚堯,〈宋神宗時帶西北邊糧的籌措〉,收錄于《宋史研究集》,第二十三集,頁 300～315。

125. 梁庚堯,〈宋代的義學〉,收錄於《台大歷史學報》,第 24 期,1999 年 12 月,頁 177～224。

126. 梁庚堯,〈宋代福州士人與舉業〉一文,發表於《宋代墓誌史料的文本分析與實證運用》研討會,2003 年 10 月,頁 1～27。

127. 郭東旭,〈論宋代防治官吏經濟犯罪〉,《宋史研究論文集》,河北:河北大學出版。

128. 郭潤濤,〈中國幕府制度的特徵、型態與變遷〉,《中國史研究》,1997 年,第 1 期,頁 3～13。

129. 楊木華,〈試論宋代添差官制度的形成〉,《康定民族師範高等專科學校學報》,第 9 卷,第 3 期,2000 年,頁 57～61。

130. 齊覺生,〈北宋縣令制度之研究〉,《國立政治大學學報》,第 18 期,頁 275～313。

131. 齊濤,〈巡院與唐宋地方政體的轉化〉,《魏晉南北朝隋唐史》,1991 年 12 期,頁 16～18。

132. 潘光旦、費孝通，〈科舉與社會流動〉，《社會科學》，第四卷第 1 期，清華大學，1947 年 11 月。

133. 盧建榮，〈唐代通才型官僚體系之初步考察——太常卿、少卿人物的任官分析〉，收錄於許倬雲、毛漢光及劉翠溶主編，《第二屆中國社會經濟史討論會論文集》，臺北：漢籍研究資料及服務中心印行，民 72 年，頁 89～122。

134. 盧建榮，〈中晚唐藩鎮文職幕僚職立的探討－以徐州節度區爲例〉，收錄于中國唐代學會編輯委員會編輯，《第二屆國際唐代學術會議論文集（下）》，臺北：文津出版社，民 82 年，頁 1237～1271。

135. 盧建榮，〈地方軍事化對唐代後期淮北地區政治與社會的衝擊（780~893）〉，《國立臺灣師範大學歷史學報》，第 27 期，民 88 年，頁 17～38。

136. 盧建榮，〈唐宋時期社會對兒童的態度〉，收錄於九十二年度第十二屆歷史研習營，《日常生活的經驗》（未勘），頁 336～337。

137. 賴瓊，〈熙寧官制改革論〉，《甚江師範學院學報》，24 卷，第 2 期，2003 年，頁 43～47。

138. 羅文，〈宋代中央對地方施政之路的區劃〉，《大陸雜誌》，第四十九卷第 5 期，民 63 年 11 月。

139. 劉子健著，劉靜貞譯，〈宋人對胥吏管理的看法〉，《食貨月刊》，第 14 卷 2 期，民 73 年 5 月，頁 126～139。

140. 劉子建，〈略論宋代武官群在統制階級中的地位〉，《兩宋史研究彙編》，頁 178～197。

141. 劉坤太，〈王安石改革吏制的思想與實踐〉，收錄於鄧廣銘主編，《宋史研究論文集》（杭州：杭州人民出版社），1987 年，頁 282～295。

142. 劉後濱，〈論唐代縣令的選授〉，《中國歷史博物館館刊》，1997 年 02 期，頁 52～58。

143. 劉伯夫，〈北宋對官員貪贓的懲處〉，《上海師範大學學報》（社會科學版），1999 年，第 28 卷，頁 19～25。

144. 劉秋根、周國平，〈試論中國古代幕府制度在宋代的轉變〉，收錄姜錫東等主編《宋史研究論叢》，第六輯，保定：河北大學出版社，2005 年 04 月，頁 119～150。

145. 劉新光，〈唐宋江南地域空間的分化與整合〉，《唐研究》，第十一卷，北京：北京大學出版社，2005 年 12 月，頁 559～593。

146. 韓茂莉，〈中國歷代狀元的地理分佈背景〉，《地理學報》，1998 年 06 期。

147. 閻步克，〈“品位與職位”－傳統官僚等級制度研究的一個新視角〉，《史學月刊》，2001 年 01 期。

148. 閻步克，〈“品位—職位”視角中的傳統官階制五期演變〉，《歷史研究》，2001 年 2 期，頁 3～14。

149. 關屢權，〈宋代科舉考試制度擴大的社會基礎及其對官僚政治的影響〉，收錄于《宋史論集》，河南：中州出版社，1983 年，頁 167～176。

150. 魏天安、劉坤太，〈宋代閑官制度述略〉，《中州學刊》，1983 年，第 6 期，頁 117～121。

151. 魏福明，〈北宋的集權與分權〉，《東南大學學報》（哲學社會科學版），第 5 卷 4 期，2003 年 7 月，頁 69～74。

152. 嚴耕望，〈唐代府州僚佐考〉，《唐史研究叢稿》，頁 103～176。

153. 嚴耕望，〈唐代方鎮使府僚佐考〉，《唐史研究叢稿》，頁 177～236。

154. 嚴耕望，〈唐代府州上佐與錄事參軍〉，《嚴耕望史學論文選集》，臺北：聯經出版公司，民 80 年，頁 521～547。

155. 龔延明，〈略論宋代職官簡稱、別名—宋代職官制度研究之二〉，收錄於鄧廣銘主編，《宋史研究論文集》，杭州：杭州人民出版社，1984 年，頁 335～360。

B.學位論文

1. 王德權，《唐五代（712~960A.D）地方官人士遞嬗之研究》，國立臺灣師範大學歷史研究所博士論文，民 82 年。

2. 毛漢光，《唐代統治階殿社會變動—從官吏家庭背景看社會流動》，臺北：國立政治大學政治學系博士論文，1969 年。

3. 林煌達，《北宋吏制研究》，國立中興大學歷史學系碩士論文，民國 83 年。

4. 林煌達，《南宋吏制研究》，國立中正大學歷史學系博士論文，民國 90 年。

5. 曹興仁，《宋代文官制度之研究》，國立政治大學博士論文，1972 年。

6. 雷家聖，《北宋前期文官考詮制度之研究》，中興大學歷史學系碩士論文，民國 88 年。

7. 雷家聖，《宋代監當體系之研究》，國立台灣師範大學中歷史學系博士論文，民國 92 年。

8. 張智瑋，《北宋通判制度之研究》，國立中正大學歷史學系碩士論文，民 92 年。

9. 謝興周《宋代府州通判制度之研究》，香港：新亞研究所碩士論文，1985 年。

10. 韓桂華，《宋代綱運研究》，中國文化大學史學系博士論文，民國 80 年。

三、日韓專書與期刊（按作者筆劃及出版時間排列）

（一）專書

1. 平井茂樹，《科舉と官僚制》，山川出版社，1997年。
2. 荒木敏一，《宋代科舉制度研究》，京都：京都大學東洋史研究會，1969年。
3. 梅原郁，《宋代官僚制度研究》，京都：同朋社，1985。

（二）期刊

1. 片山正毅，〈宋代幕職州縣官の成立にいつて〉，《東洋史學》，27卷，1965年。
2. 內藤湖南，黃約瑟譯，〈概括的唐宋時代觀〉，收錄於劉俊文主編，《日本學者研究中國論著選譯》，第一卷，通論，北京：中華書局，1993年，頁10～18。
3. 內河久平，〈宋初地方官昇進の一過程－候選制度について－〉東洋法史の探求，《島田正郎博士頌壽紀念論文集》，東京：汲古書院，1987年，頁227～252。
4. 古桓光一，〈宋代の官僚數について－眞宗朝中期以降の人事行政上の新問題〉，收錄於宋史研究會主編，《宋代の社會と宗教》，東京：汲古書院，1985年，頁121～158。
5. 古桓光一，〈宋代の官僚數について－眞宗朝中期以降の獵官運動の激化〉，《中村治兵衛先生古稀記念東洋史論叢》，刀水書房，1986年，頁429～448。
6. 古桓光一，〈宋眞宗時代磨勘の制成立について〉，《宋代史叢論》，頁391～416。
7. 平田茂樹，〈從劉摯《忠肅集》墓誌銘看元祐黨人之關係〉，《東吳歷史學報》，第11期，民國93年06月，頁103～134。
8. 辻正博，〈唐代貶官考〉，《中國法制史考證》丙編二卷，日本學者考證中國法制重要成果選譯，魏晉南北朝至隋唐卷，2003年09月，頁556～688。
9. 竺沙雅章，〈宋代官僚の寄居にいつて〉，《東洋史研究》，京都大學文學部內東洋史研究會，41～1，1982年。收錄於谷川道雄ほか編と《中國士大夫階級との地域社會との關係にいつて綜合的研究》，昭和57年度科學研究補助金總和研究（A）研究成果報告書，1983年，頁28～57。
10. 佐伯富，〈元豐官制の改革に就いて〉，收錄於中島敏，《東洋史學論集－宋代研究とその周邊》，東京：汲古書院，1988年，頁608～610。
11. 佐竹靖彥，〈《作邑自箴研究》研究－對該書基礎結構的在思考〉，《中國法制史考證》，丙編，第三卷，日本學者考證中國法制重要成果選譯，宋遼西夏元卷，2003年09月，頁261～294。

12. 佐竹靖彥，〈宋代建州地域的土豪和地方行政〉，收錄於佐竹靖彥著，《佐竹靖彥史學論集》，北京：中華書局，2006 年 2 月，頁 216～233。
13. 金宗燮，〈唐五代幕職官的任用與功能〉，《東洋史學研究》，2000 年，第七十一輯，頁 1～41。
14. 松浦典弘，《唐代後半期人事と幕職官位置》，《古代文化》，50 卷 11 號，1998 年，頁 32～43。
15. 渡邊孝，〈滎陽鄭氏襄城公房一支成德軍藩鎮：河朔三鎮幕職官一考察〉，《吉田寅先生古稀紀念アジア史論集》，東京：東京法令出版，1997 年，頁 149～176。
16. 宮崎市定，〈王安石的吏士合一策〉，收錄于劉俊文主編，《日本學者研究中國史論集選譯》，第五卷，〈五代宋元〉，北京：中華書局，1993 年，頁 450～490。
17. 宮崎市定，〈宋代州縣制度の由來とその特色－特に衙前の變遷について－〉，《宮崎市定全集 10》，東京：岩波書店，1992 年 7 月，頁 216～245。
18. 清木場東，〈吳、南唐地方行政の變化と特徵〉，《東洋學報》56 卷 2、3、4 合刊，1975 年，頁 176～211。
19. 渡邊孝，〈唐代藩鎮における下級幕職官について〉，《中國史學》，11 卷，2001 年 10 月，頁 83～109。
20. 渡邊紘良，〈宋代八路差定法與使闕〉，漆峽主編，《宋史研究論文集－國際宋史研討會暨中國宋史研究會第九屆年會編刊》，保定：河北大學出版社，2002 年，頁 62～71。
21. 渡邊紘良，〈宋代科舉官僚の選任制度〉，《東方學報》，83 卷 2 期，2001 年，頁 160～161。
22. 崛敏一，〈藩鎮親衛軍の權力構造〉，收錄於劉俊文主編，《日本學者研究中國史論著選譯》，第四卷，〈六朝隋唐〉，北京：中華書局，1993 年，頁 585～648。
23. 梅原郁，〈宋代の恩蔭制度〉，《東方學報》，第 52 冊，1980 年，頁 501～536。
24. 柳田節子，〈宋代の縣尉について〉，《宋より明清にいたる科舉・官僚制とその社會的基盤研究》，科學研究費補助金總合研究成果報告書，1992 年，頁 13～21。
25. 濱口重國，黃正建譯，〈所謂隋的廢止鄉官〉，收錄于劉俊文主編，《日本學者研究中國史論集選譯》，第四卷，〈魏晉至隋唐〉，北京：中華書局，1993 年，頁 315～333。
26. 礪波護，〈唐代的縣尉〉，收錄于劉俊文主編，《日本學者研究中國史論集選譯》，〈六朝隋唐〉，北京：中華書局，1993 年，頁 558～584。

四、西文部分：

1. Beverly J. Bossler," Powerful Relations: Kinship, Status and State in Sung China（960～1279）" ,Cambridge（Massachusetts）and London: Harvard University Press, 1988 年。
2. Edward A. Krack（柯睿格），Region Family and Individual in Chinese Examination System" , in John K. Fairback（ed）, Chines Thought and Instituations（Chicago: University of Chicago Press）, 1957。
3. HSU, F.L.K., "Under the Ancestors' Shadow Chinese Culture Personality" , New York: Columbia University Press, 1949, p764～771。
4. Kracke, E.A.Jr," Civil Service in Early Sung China: 960～1067" , Harvard-Yenching Institute Monographs, 13. Second Printing. Cambridge: Harvard University Press, 1968。
5. Robert A. Hartwell" Demographic, Political and Social Transformations of China 750～1550," Harvard Journal of Asiatic Studies, Vol.42（1989）,pp.365～422。
6. Ping-ti Ho," The ladder or success in china-Aspects of Social Mobility, 1368～1911" ,Columbia University press, 1962。
7. Robber P. Hymes" Financial Expertise, Expertise, Examinations,and the Formulation of Economic Policy in Northern Sung China." In Journal of Asian tudies, Vol.30（1970）, pp.281～314。
8. Robber P. Hymes" Historical Analogism, Public and Social Science in Eleven and Twelfth Century China." In American Historical Review, Vol.76, No.3（1971）, pp.690～727。
9. Waltow, Linda "Thomas H.C.Lee." Essays on Sung Education"，《香港中文大學中國文化研究所學報》，第十二卷，民 70 年，頁 361～362。